CONTES CELTES

CONTES CELTES

Racontés
par
Elena Chmelová
Adaptation française
de
Claude Clément
Illustrés
par
Zdenka Krejčová

Gründ

ARRANGEMENT GRAPHIQUE PAR IVAN URBÁNEK
© 1982 AVENTINUM, PRAGUE
ET POUR LA TRADUCTION FRANÇAISE:
© 1982 GRÜND, PARIS
ISBN 2-7000-1142-2
SIXIÈME TIRAGE 1992
IMPRIMÉ EN TCHÉCOSLOVAQUIE PAR POLYGRAFIA
1/01/41/53-06

LOI N° 49-956 DU 16 JUILLET 1949
SUR LES PUBLICATIONS DESTINÉES À LA JEUNESSE

INTRODUCTION

Tout en haut d'une falaise escarpée, au-dessus de la mer, se nichait une petite maison de pierre. Jour et nuit, les vagues battaient le flanc de la paroi rocheuse et le vent soufflait sans répit. Mais la petite maison résistait aux tempêtes les plus violentes.

En ce lieu, au bout du monde, où finissait la terre et commençait l'Océan infini, où le soleil achevait sa course pour s'engloutir dans les flots, en ce lieu perdu dans le vacarme des vagues et du vent, vivait un vieux pêcheur. Il faisait sécher des poissons devant sa demeure et, à l'intérieur, il en faisait fumer dans sa cheminée. Ici, tout sentait la mer, le sel et le feu de tourbe. Le pêcheur se tenait assis sur un banc de pierre, en face de la cheminée. Il avait les cheveux blancs comme neige, la barbe immaculée comme du lait, mais ses mains semblaient encore habiles et puissantes. Son dos était voûté par les ans, mais l'homme savait encore ramener ses filets aussi bien que les jeunes gens. Il était capable d'en imposer à plus d'un par sa connaissance de la mer et du monde. Pas étonnant dans ces conditions que les gens du village, jeunes ou vieux, prissent plaisir à se réunir chez lui pour l'écouter parler. Ils lui apportaient de tout. Un peu de thé, un paquet de tabac pour sa pipe, un morceau de jambon ou de lard, une paire de chaussettes de laine bien chaude aux motifs variés... De l'automne au printemps, quand les jours raccourcissaient, ils s'asseyaient autour du feu — les plus âgés sur le banc, les plus jeunes sur des sacs de sel ou à même le sol, là où il restait de la place — et quand ils étaient tous installés, on entendait s'élever la voix d'un ancien :

«Sean, raconte-nous à présent comment cela se passait autrefois.»

Le vieux pêcheur ne se faisait jamais longtemps prier. Il tirait sur sa pipe, se raclait la gorge en se trémoussant sur son banc, et les autres se taisaient aussitôt et ne faisaient plus un geste... Beaucoup d'entre eux avaient l'habitude de l'écouter ainsi chaque soir et étaient prêts à jurer qu'il n'existait au monde de meilleur conteur que le vieux Sean.

[5]

C'est pour cette raison que tous le nommaient : Sean le Conteur.

Un jour, un jeune pêcheur se fit entendre depuis le coin sombre où il se tenait, et réclama à Sean des histoires du passé.

«Dan, pourquoi s'intéresser au passé?» s'écria un vieil homme tout courbé, voisin de Sean. «Tu es plutôt promis à de nouvelles aventures. Demain, tu vas partir loin de nous et qui sait si le vent te ramènera? Cela ne serait pas grave si tu te contentais de naviguer vers un rivage proche. Nous ne prendrions même pas la peine de nous inquiéter. Mais tu as choisi de partir à l'autre bout du monde, là où ne vivent que des étrangers, au-delà peut-être même des Terres des Délices du Cœur et de l'Eternelle Jeunesse, et tu vas oublier tes amis irlandais, qui ont toujours vécu sur cette terre.»

«Il n'y a pas toujours eu que des roux Irlandais sur ce sol», lança Sean le Conteur. «Une très vieille légende dit que nous sommes venus de très loin. Il y a fort longtemps, les ancêtres de nos ancêtres vivaient en communauté avec d'autres familles dans des grottes dont les couloirs se déployaient sous la terre comme les racines d'un arbre. Ils vivaient, dit-on, dans un même endroit de la vieille Europe, là où coulent deux fleuves puissants : le Danube et le Rhin. Ils étaient entourés de collines, de montagnes et d'épaisses forêts pleines d'oiseaux et d'autres animaux. Les vallées étaient irriguées par des eaux si pures que le poisson y abondait. Mais la mer était si loin qu'aucun de nos ancêtres n'avait la moindre idée de son existence. Même sans elle, chacun d'entre eux avait de quoi se nourrir. Personne ne connaissait la faim et rien ne manquait à personne. Notre peuple rôtissait des moutons à la broche et il s'en régalait en buvant de l'hydromel, fait avec du miel et de l'eau pure.»

«Je ne savais pas qu'il en était ainsi et qu'il faisait si bon vivre à cette époque! Je suppose qu'ils se baignaient dans du vin?» soupira un vieillard assis au bout du banc.

«Les jeunes hommes surveillaient de grands troupeaux. Ils cultivaient la terre, pêchaient le poisson des rivières et fondaient du métal doré. Ils transformaient l'étain en bronze. Les maîtres d'œuvre forgeaient le métal pour en faire des bracelets, des colliers, mais aussi des casques, des épées, des haches, des massues et autres armes devant lesquelles s'enfuyaient leurs ennemis et le gros gibier.»

«Alors, pourquoi ne sont-ils pas restés là-bas?» grinça de nouveau le vieux voisin de Sean. «Est-ce bien raisonnable de leur part d'avoir abandonné une si belle vie? S'ils y avaient réfléchi, je ne serais pas là, dans ce pays où ne pousse que la misère. J'aurais de beaucoup préféré demeurer sur la terre de mes ancêtres.»

«Il y avait de plus en plus de gens dans ce pays-là», se souvint Sean le Conteur. «Plus ils devenaient nombreux, moins il y avait de gibier et de poisson pour chacun. La terre ne suffisait plus à donner assez de blé pour tous ces gens et il vint un temps où seuls les vieillards purent se souvenir de l'ancienne abondance.»

Le vieux pêcheur se tut un instant, songeur. Puis il poursuivit : «Et ce n'est pas tout. Des ennemis affluèrent du nord. Ils incendièrent les réserves, volèrent les moissons et tuèrent tout le bétail. Quand nos soldats réussirent à les repousser, il était déjà trop tard. La misère s'était installée. Les anciens se lamentaient : "Qu'allons-nous faire?"

Le chef de la tribu écouta longuement ces plaintes. Puis il réunit le conseil et il déclara à ses trois fils : "Je suis vieux, j'ai vu beaucoup de choses en ce monde et écouté bien des conseils. Mais personne n'a encore jamais connu de situation telle que la nôtre. C'est pour cette raison que j'ai réuni nos sages, afin d'entendre quelle solution ils proposent. Tous ont conclu la même chose : Nous sommes trop nombreux. La terre ne peut plus nous nourrir. C'est pourquoi, toi, mon fils aîné, tu vas prendre avec toi les hommes les plus forts et leurs familles et tu les guideras vers un autre lieu où vous vous installerez. Toi, mon fils cadet, tu prendras avec toi les jeunes gens les plus habiles à la forge et ceux qui savent le mieux s'occuper des chevaux. Votre ingéniosité vous aidera à survivre. Quant à toi, mon benjamin, tu demeureras près de moi et me succéderas quand tu auras appris à gouverner. Il n'y a pas d'autre solution."

Beaucoup pensèrent qu'il n'y avait plus grande épreuve que celle qu'il leur fallait affronter. Toute la nuit ils tinrent conseil, jusqu'au lever du soleil. Ils voulaient savoir qui d'entre eux resterait et qui d'entre eux partirait. Ils finirent par se mettre d'accord et ils se partagèrent les armes, le blé, la viande séchée, les peaux, la laine, et les troupeaux. Puis ils partirent aux quatre coins du monde.»

Une nouvelle fois, Sean fit silence. Il contempla les charbons ardents du foyer et vida sa pipe.

«Et ensuite?» chuchota son voisin comme pour le pousser à poursuivre son récit.

«Les émigrants cherchèrent longtemps une nouvelle terre d'asile», fit Sean en tournant la tête vers son voisin. «Ils traversèrent bien des chaînes de montagnes, bien des rivières... Leurs grandes familles s'éparpillèrent, comme dispersées par le vent. Certaines se retrouvèrent. Mais beaucoup moururent en chemin et plus d'un enfant naquit en terre étrangère. Enfin, certains de nos ancêtres atteignirent la Grèce. Là, on les nomma Celtes, et ce nom leur est resté. Je ne sais pas ce qu'il signifie. Certains affirment qu'il caractérise les gens qui ont la tête dure et que rien n'arrête. Mon grand-père s'est souvent rappelé devant moi que ces gens savaient non seulement forger le métal, mais savaient aussi se battre. Leurs ennemis les craignaient et redoutaient leurs charges au cours desquelles se faisaient entendre leurs voix, le son de leurs cornes, le galop de leurs chevaux, le tintement de leurs sabres, de leurs épées, accompagnés du sifflement de leurs haches. Rien ne pouvait leur résister. Et quand ils célébraient leur victoire, le flamboiement de leur feu changeait la nuit en jour.»

Sean ferma à demi les yeux, il se courba et s'appuya des deux mains au banc comme s'il était soudain fatigué et n'avait plus l'intention de continuer son récit. Il lui arrivait ainsi quelquefois d'interrompre son récit et de ne le poursuivre que le lendemain. Mais le forgeron Pat, un garçon grand comme une montagne, et le meilleur chanteur des alentours — à tel point que personne n'osait se mesurer à lui —, se mit à claquer des doigts. Cela résonna comme un marteau de forge. Ses voisins avaient coutume de dire que son enclume ne lui servait pas seulement à forger, mais accompagnait le chant de son maître.

«Il paraît», rappela-t-il à Sean, «que les forges de nos ancêtres brûlaient jour et nuit. Tout le monde leur enviait leur habileté à forger. Ils avaient rapporté du sud des instruments qu'ils apprirent à utiliser pour couper, raboter, et labourer.»

«Comment pourrais-je l'oublier!» fit le vieux Sean en souriant dans sa moustache. «Je ne devrais pas oublier non plus qu'ils avaient en grande estime les bardes et les chanteurs de ton espèce.»

«Pas plus que pour les conteurs de ton espèce, Sean!» renchérit le forgeron aimablement.

Le vieux conteur protesta :

«Celui qui compose des chansons et des poèmes comme un véritable artiste, autour du feu de la forge, mérite de vivre comme un roi, un prince ou un duc. A cette époque, on estimait tant cette sorte de gens, qu'on leur donnait à manger dans des assiettes d'or et qu'ils buvaient en compagnie des rois. Tu aurais aimé vivre en ce temps-là, Pat! Des chanteurs célébraient dans des ballades tristes ou gaies la beauté des femmes et la vaillance des hommes, la gloire de nos ancêtres qui ont fondé les villes célèbres d'Irlande, d'Ecosse, du Pays de Galles, de Bretagne (l'ancienne Armorique) et même de Galice, dans la lointaine Espagne. Ils ont construit de leurs propres mains des villes et des châteaux qui existent encore de nos jours. Et qui sait dans quelles conditions? Je suppose que le soleil lui-même était fatigué de les éclairer dans tous les coins du monde où ils se trouvaient.»

«Je crois», ajouta encore le forgeron Pat, «qu'il faut aussi parler de ceux qui ont franchi l'océan sur leurs navires. Nos ancêtres ne se sont pas contentés de traverser les montagnes et les rivières, ils ont aussi bravé les vagues des mers du nord et du sud. Certains se sont arrêtés sur les bords de la mer Noire, d'autres sont venus jusqu'ici, en ce confin ouest du monde où le soleil se couche.»

Les auditeurs sourirent de plaisir, car on en arrivait au point qui les intéressait. Le vieux Sean ajouta :

«C'est ici, à l'ouest, que survécut la plus ancienne branche de nos ancêtres celtes, la plus résistante aussi. Elle a conservé en nous ses traditions, dont une montagne de chansons, de légendes et des récits anciens ou plus récents.»

Sean le Conteur ne voulut pas en dire plus ce soir-là. Le feu commençait à mourir lentement dans la cheminée. Les derniers tisons se consumaient. Alors, les visiteurs se séparèrent et se dispersèrent au-dehors dans le vacarme de la mer et du vent. De toute façon, le lendemain, quand le soleil achèverait sa course, ils se retrouveraient ici pour parler encore des faits du temps passé.

Les chevaux du roi Conal

Il y a très longtemps vivait en Irlande un roi qui avait une femme au cœur très généreux. C'est pourquoi tout le monde l'aimait. Elle faisait bonne figure aussi bien aux pauvres qu'aux riches. Qu'un malheureux s'en vînt au château porteur d'une requête, elle le prenait aussitôt sous sa protection.

Cette reine mit au monde trois fils pleins de santé. Et, quand ils eurent grandi et furent devenus de beaux jeunes gens, il n'exista pas dans le royaume de famille plus heureuse.

Mais un jour, la reine tomba malade et personne ne connaissait le remè-

de qui pût la guérir. Quand elle sentit sa dernière heure arriver, elle fit venir le roi auprès d'elle et lui fit promettre d'exécuter sa dernière volonté.

«Dis-moi ce que tu désires, et si cela est en mon pouvoir, je satisferai ta demande.»

«Si je meurs», supplia la reine, «et que tu te remaries après quelque temps, jure-moi d'envoyer nos fils à l'autre bout du royaume. Je ne veux pas qu'une femme étrangère les élève. Ils ne reviendront au château que lorsqu'ils seront adultes.»

Le roi donna sa parole à la mourante que sa prière serait exaucée, et la reine rendit calmement le dernier soupir.

Le roi garda le deuil trois années durant, malgré les instances de ses conseillers qui lui disaient qu'un royaume sans reine est un royaume orphelin. Avant toute autre décision, il ordonna que l'on construisît pour ses trois fils un nouveau château, loin, très loin du palais royal. Puis il y envoya ses garçons en compagnie des meilleurs professeurs et des plus fidèles serviteurs qu'il connaissait. Ensuite, il se remaria et vécut heureux avec sa nouvelle épouse. Au bout d'une année, la reine mit un fils au monde, et des rires et des pleurs d'enfant résonnèrent à nouveau entre les murs épais des salles du château.

Un jour, le roi partit à la chasse et la reine alla dîner. Elle se rendit en bas du château et, tandis qu'elle revenait entre les maisonnettes, elle se cogna contre une marche d'escalier et se fit sérieusement mal.

«C'est bien fait, tu n'aurais pas dû te gaver ainsi!» lui lança une vieille femme de sa maison.

«Pourquoi cherches-tu à m'humilier, alors que je ne te connais pas?» lui demanda la reine outragée.

«Parce que tu n'as jamais nourri ni aidé personne», grommela la vieille. «La première femme de notre roi était bien différente de toi en vérité. Si elle voyait un pauvre avoir froid, elle lui donnait sa propre chemise, et elle en aurait recouvert une pauvre vieille comme moi. Elle n'aurait rien pu avaler avant d'être sûre que chacun, à sa porte, avait de quoi manger. Tandis que toi, tu ne prends soin que de toi-même et de ton fils. Mais attends un peu que les trois fils aînés de notre roi aient grandi et reviennent au château imposer leur loi.»

Ces propos effrayèrent énormément la jeune reine. Elle voulut en savoir plus sur la reine défunte et ses trois fils, mais en vain. La vieille femme gardait à présent le silence. Néanmoins, sa langue se délia lorsque la souveraine lui offrit cent moutons en échange de ses renseignements. Alors, elle lui apprit où se trouvaient les jeunes princes et la raison pour laquelle ils vivaient ainsi, loin du palais royal. La jeune reine se contenta d'écouter. Mais ce faisant, elle fut saisie d'une grande crainte au sujet de son propre fils.

«Je donnerais bien cent vaches et cent chèvres à celui qui me dirait ce que je dois faire afin de préserver mon fils d'un destin malheureux où il se trouverait comme un oiseau dans la tourmente.»

«Si tu me donnes bien cent vaches et cent chèvres en plus des cent moutons, que tu m'as déjà promis, je t'offrirai pour ma part un excellent conseil.»

La reine promit tout cela volontiers et la méchante femme lui chuchota :

«Ecoute bien ce que je vais te dire. Demande au roi de laisser venir ici ses fils, au moins pour deux jours. Quand ils seront là, propose-leur une partie d'échecs. Je te donnerai des pions qui te feront gagner à coup sûr. Quand tu les auras battus tous les trois, dis-leur que tu tiens à présent à leur imposer une épreuve. Tu leur commanderas de se rendre chez le roi Conal et d'y voler trois chevaux de son écurie. Ensuite, tu leur diras qu'ils se présentent avec eux devant toi, car tu désires traverser par trois fois le royaume. Les jeunes gens partiront de par le monde et ne reviendront plus, car bien des gens audacieux ont déjà tenté l'aventure et ne sont plus jamais reparus. Alors, l'avenir de ton fils sera assuré.»

Ce conseil plut à la reine et, quand le roi rentra de la chasse, elle ne cessa de le questionner au sujet de ses fils et de lui demander pourquoi il lui avait jusque-là caché leur existence.

«Invite-les ici», pria-t-elle, «j'aimerais au moins les connaître. Tu verras, je les chérirai autant que mon propre enfant.»

Le roi l'écouta et ordonna à ses trois fils de venir lui rendre visite, de s'incliner devant la reine et de faire la connaissance de leur plus jeune frère.

Peu de temps après, trois cavaliers, les trois jeunes princes, se présentèrent à la cour paternelle et le roi fit aussitôt organiser en leur honneur un grand banquet. Tout le monde se réjouit du retour des jeunes princes. La reine elle-même fit bonne figure, comme si elle était réellement heureuse de leur présence.

Après le banquet, le roi ordonna une grande chasse, puis un concours de tir. On chanta même à la cour, alors que cela n'était jamais arrivé, et les jeunes princes se distinguèrent parmi les autres jeunes braves par leur savoir et leur adresse. Ils n'en devinrent que plus chers au cœur de leur père qui se réjouit d'avoir enfin tous ses fils autour de lui.

Enfin, la reine invita les jeunes princes à jouer avec elle aux échecs. Elle prit dans leur coffret les pions de la vieille femme et joua à tour de rôle avec chacun des trois jeunes gens. Avec chacun d'entre eux elle joua trois fois. Chaque fois elle gagna deux parties et n'en perdit qu'une.

Le soir, alors qu'elle était en train de triompher du plus jeune des frères, l'aîné lui demanda:

«A quelle épreuve vas-tu nous soumettre pour nous avoir ainsi battus?»

«Je ne vous en imposerai qu'une pour tous les trois. Promettez-moi de ne plus vous présenter sous ce toit, ni de venir manger à cette table tant que vous ne m'aurez amené ici trois chevaux du roi Conal. Je veux traverser sur eux par trois fois le royaume.»

«Bien, ma reine», s'inclina l'aîné des frères, «mais dis-nous au moins où nous trouverons les chevaux du roi Conal.»

«Le monde a quatre points cardinaux», répondit la reine, «si vous allez vers chacun d'entre eux, vous ne risquez pas de les manquer.»

«A présent, je vais moi aussi te demander un gage pour la partie que tu as perdue. Tu te rendras au sommet de la tour la plus haute du château et tu nous y attendras jusqu'à ce que nous soyons rentrés sur nos chevaux», déclara le plus âgé des frères.

La reine blêmit comme si tout son sang s'était retiré d'elle.

«Moi aussi, je vais te demander un gage pour la partie que tu as perdue contre moi», annonça le cadet. «Jusqu'à ce que nous soyons rentrés, tu n'auras le droit de manger que pour apaiser ta faim, et le droit de boire que pour apaiser ta soif.»

«Délivrez-moi de ces obligations, et je vous délivrerai de la mienne», supplia la reine.

«Si un jeune homme ne remplit pas son devoir, il ne fera jamais rien de bon», déclara le plus jeune. «Nous irons donc à la recherche des chevaux du roi Conal.»

Au matin, les trois frères prirent congé de leur père et se mirent en route pour trouver le château du roi Conal. Ils voyagèrent longtemps dans toutes les parties du monde, mais personne ne put les renseigner sur ce fameux château. Puis un jour, dans un endroit perdu, ils rencontrèrent un homme qui portait un bonnet noir sur la tête.

«Qui êtes-vous, jeunes gens?» leur demanda-t-il quand ils le saluèrent, «qu'est-ce qui vous amène dans cet endroit plus fréquenté par les animaux que par les hommes?»

«Nous sommes les fils du roi d'Irlande», répondit l'aîné, «et nous cherchons le château du roi Conal. Notre belle-mère nous y envoie, afin que nous lui ramenions trois chevaux.»

«Beaucoup de jeunes audacieux ont déjà tenté l'aventure, mais aucun n'en est revenu vivant. Mais peut-être aurez-vous plus de chance. Venez chez moi passer la nuit et demain matin, je vous conduirai là où vous voudrez aller. Il ne sera pas dit que vous aurez fait tous ces efforts pour rien.»

Les trois frères le remercièrent chaleureusement et le suivirent pour passer la nuit sous son toit.

Au matin, le maître de maison les réveilla, mit son bonnet noir sur sa tête et conduisit les garçons vers le lieu de leur quête. Le soir, ils finirent par atteindre le château du roi Conal.

«Reposez-vous à présent, je vous éveillerai vers minuit», dit l'homme au bonnet noir aux garçons.

A minuit, ils se glissèrent donc silencieusement dans l'écurie. Comme le garde dormait profondément, il leur fut aisé de parvenir jusqu'aux chevaux. Ils les saisirent par la bride et voulurent les entraîner au-dehors. Mais, quand les animaux sentirent une main étrangère les guider, ils se mirent à hennir, à piaffer, à se cabrer et réveillèrent tout le château. Le garde bondit, s'empara des quatre intrus et les conduisit directement devant le roi Conal.

Le souverain était installé sur un haut trône d'or. Il était dans toute sa majesté et, tout autour de lui, se dressaient des soldats en armes. Dans la cheminée, flambait un feu et, au-dessus du foyer, était suspendu un chaudron.

«Hé! Gardes!» cria le roi Conal, tandis qu'on lui amenait les quatre voleurs, «remettez du bois dans le feu jusqu'à ce que l'huile soit bouillante. Quant à vous, dites-moi qui vous êtes. Si je ne savais pas que le brigand noir était mort, j'aurais pu penser qu'il s'agissait de toi», ajouta-t-il à l'intention de l'homme au bonnet noir.

«Je suis en effet le brigand noir. Comme tu peux le constater, je suis encore bien vivant et même en excellente santé.»

«Hum», grommela le roi, «tu ne resteras pas longtemps en ce monde. Et vous, qui êtes-vous?» demanda-t-il aux trois jeunes gens.

«Nous sommes les fils du roi d'Irlande», répondit l'aîné.

«Alors, les fils du roi d'Irlande ne seraient que de vulgaires voleurs de chevaux?» s'étonna le souverain. «Bon, commençons par le plus jeune.»

Il se retourna vers le brigand noir : «Tu as vu beaucoup de gens au seuil de la mort, mais tu n'as sans doute jamais vu quelqu'un au bord d'une mort aussi certaine et inéluctable.»

«Si, roi Conal, j'en ai vu. J'ai moi-même risqué une fin aussi imminente que celle qui menace ce jeune prince, et pourtant je suis là.»

«Bien, raconte-moi comment cela s'est passé. Si tu dis la vérité, j'épargnerai ce garçon.»

Le brigand noir s'assit sur un banc près de l'âtre. Il se mit à contempler les flammes et raconta son aventure au roi Conal.

LES TROIS PRINCESSES ENSORCELÉES

Je possédais de vastes terres, des vaches, des chevaux, des moutons et tout ce qui m'était nécessaire, je vécus heureux et vaillant jusqu'au jour où trois harpies me dépouillèrent de mon bien. Quand j'eus tout perdu, je me fis brigand et devins le bandit le plus redouté d'Irlande. Tout le pays parlait du brigand noir.

Quant à ces trois sorcières qui m'avaient tout pris, il s'agissait des trois filles du roi d'Irlande de l'époque. C'étaient vraiment les plus belles jeunes filles que la terre eût jamais portées. Mais la nuit, un sinistre enchanteur les transformait en trois affreuses sorcières.

Avant le jour où je fus dépouillé de tout, j'avais envoyé mes serviteurs

recueillir de la tourbe, afin qu'ils en rapportent et que nous en ayons pour au moins sept années. Ils en apportèrent tant et en firent un tel tas devant la maison qu'on aurait cru qu'une colline noire avait soudain fait irruption. Pourtant, il me sembla par la suite que cette tourbe diminuait à une vitesse surprenante.

Un soir que je rentrais assez tard d'un joyeux repas, je vis trois affreuses sorcières voler ma tourbe devant ma maison. Elles en mettaient dans trois paniers qu'elles emportaient ensuite avec légèreté comme s'ils avaient été vides. Je les suivis donc mais ne pus en aucune manière les rattraper. Elles me volèrent ainsi tout l'hiver et, au printemps, il ne me restait plus rien de cette tourbe accumulée pour sept années.

A l'automne, j'ordonnai donc que l'on rapportât à nouveau de la tourbe pour sept ans. Mais ces trois démons me la dérobèrent encore peu à peu. Cette fois, j'eus la chance de les surprendre tandis qu'elles emplissaient leurs paniers et elles s'enfuirent, affolées. Je les poursuivis et pus constater la façon dont elles disparaissaient dans un passage souterrain creusé dans un rocher. Je regardai à l'intérieur. Il y flambait un feu immense au-dessus duquel était suspendu un énorme chaudron où cuisait un bouc entier. Autour du foyer, les trois sorcières dansaient. J'hésitai à les surprendre. Cependant, j'aperçus un gros bloc de pierre à l'entrée du souterrain. Je glissai un levier dessous, appuyai de toutes mes forces, et le bloc roula avec un grand bruit à l'intérieur. Il heurta le chaudron, renversa le bouillon qui éteignit le feu.

En voyant cela, je pris mes jambes à mon cou. Mais les sorcières faillirent me rattraper. Je sentais leur souffle brûlant sur ma nuque et elles me marchaient presque sur les talons. Au dernier moment, je réussis à me cacher dans un arbre, mais les êtres malfaisants m'aperçurent malgré l'obscurité. Elles se postèrent donc sous l'arbre et me transpercèrent de leurs regards furieux. Comme cela ne les tentait pas de grimper, la plus âgée transforma habilement la cadette en hache et la plus jeune en chien de chasse féroce. Puis, de toutes ses forces, elle commença à cogner contre l'arbre tandis que le chien sautait autour du tronc, montrant les dents et soufflant avec rage. Au premier coup, la hache rompit le tronc en trois morceaux. La sorcière la leva une deuxième fois et le rompit encore en trois parties. Elle brandit encore son arme une troisième fois, et l'arbre se serait sans doute écroulé si le coq n'avait chanté à cet instant. Alors, la hache se transforma devant mes yeux en une gracieuse jeune fille. Celle qui attaquait l'arbre un instant auparavant et le chien se transformèrent aussi en belles jeunes filles dont la beauté n'avait d'égale dans toute l'Irlande. Les sœurs se prirent par la main et s'éloignèrent de l'arbre. Elles me semblèrent aussi sereines et innocentes que des nouveau-nés dans les bras de leur mère.

«Dis-moi, à présent, roi Conal», demanda le brigand noir au souverain cruel, «si je n'ai pas frôlé la mort d'aussi près que le plus jeune de ces princes d'Irlande.»

«C'est vrai, tu es passé bien près», admit le roi Conal. «A partir de maintenant, le plus jeune de ces princes sera donc mon hôte. Mais il nous reste le cadet, et l'huile bout dans le chaudron.»

«D'accord, mais j'ai approché encore une fois la mort d'aussi près que ce cadet à présent. Et pourtant, je suis là.»

«Bien, nous allons à nouveau t'écouter. Si tu dis la vérité, j'épargnerai aussi le second.»

LES TREIZE MATOUS

Les sorcières n'oublièrent pas le bon tour que je leur avais joué. A partir de cette nuit, elles ne firent que me causer des ennuis. Elles tuèrent mes chevaux, égorgèrent mes moutons, et noyèrent mes vaches dans le marécage. Elles volèrent mes poules, piétinèrent ma récolte, brûlèrent ma grange, si bien que je tombai en peu de temps dans la misère. Il ne me restait plus qu'à me livrer au brigandage si je voulais encore nourrir ma femme et mes enfants comme c'était mon devoir.

Au début, je n'y réussis pas très bien. Je me contentai en tout et pour tout de voler une vache décharnée ou un cheval borgne. Lorsque je parvins enfin à dérober à la fois un cheval et une vache dignes de ce nom, je fus indescriptiblement heureux. Je crus que mon épouse et mes petits ne mourraient plus de faim. Mais j'avais espéré un peu vite.

A la nuit tombée, je ramenai mon butin à la maison — car ce genre de larcin se commet surtout la nuit —, quand une fatigue soudaine me saisit. Je ne pouvais plus mettre un pied devant l'autre. Comme je traversais à ce moment une épaisse forêt dans la montagne, j'attachai le cheval à un arbre, la vache à un autre et je m'allongeai sous un troisième. Comme il faisait froid, j'allumai un feu et m'y réchauffai. J'étais encore transi quand je vis venir à moi, de la montagne, les treize plus gros matous que j'aie jamais vus en ce monde. Les douze premiers étaient aussi grands que de solides gaillards, et le treizième faisait le double. Ce dernier s'assit près du feu, sans demander la permission, et les douze autres l'imitèrent. Il y en avait six d'un côté, et six de l'autre. Ils se réchauffèrent et se réchauffèrent encore. Leurs yeux brillaient et lançaient des étincelles comme un immense brasier vert. Tantôt l'un, tantôt l'autre ronronnait de bien-être, et quand ils ronronnaient tous ensemble, on eût dit que le tonnerre grondait.

Au bout d'un moment, le plus gros des matous tourna la tête vers moi pour me regarder et grogna :

«J'ai faim et cela ne peut plus durer. Donne-moi donc quelque chose à manger!»

«Je n'ai rien à t'offrir, si ce n'est ce vieux cheval attaché à cet arbre.»

Les chats bondirent loin du feu en miaulant et disparurent à mes yeux. Un instant plus tard, ils étaient de retour, se léchant les moustaches. Ils s'assirent de nouveau autour du feu et recommencèrent à ronronner comme si le tonnerre se déchaînait.

Je n'avais pas encore réfléchi au moyen de leur échapper quand le chef de leur assemblée se fit encore entendre.

«J'ai encore faim. Cela ne peut plus durer. Donne-moi donc quelque chose à manger.»

«Je n'ai rien à t'offrir, si ce n'est cette vieille vache attachée à cet arbre.»

Les chats bondirent loin du feu en miaulant et disparurent à mes yeux. Mais j'avais enfin compris qu'il était grand temps de songer à sauver ma propre vie. J'enlevai mon manteau, j'en enveloppai une souche, j'en recouvris le sommet de mon bonnet, afin que les matous puissent penser qu'il s'agissait de moi, endormi près du feu. Puis je grimpai prestement en haut de l'arbre le plus élevé.

Peu de temps après, les matous étaient de retour près du foyer. Ils se léchaient les moustaches et ronronnaient comme sept tonnerres réunis.

Au bout d'un instant, le chat roux grogna encore :

«J'ai faim, donne-moi quelque chose à me mettre sous la dent!»

Comme il ne recevait pas de réponse, il bondit vers la souche, planta ses griffes dans le manteau et arracha le chapeau.

«Ah, ah! Tu nous a échappé! Mais nous te retrouverons, même si tu voles en dessous des nuages ou si tu t'es enfoncé sous terre», grinça-t-il.

Aussitôt, il envoya six de ses compagnons matous parcourir l'Irlande. Aux six autres, il ordonna de creuser la terre.

Un peu plus tard, les matous furent de retour et annoncèrent qu'ils n'avaient pas trouvé ma trace. De rage, le matou roux leva les yeux au ciel et c'est ainsi qu'il m'aperçut.

«Ah, ah! Je t'ai enfin repéré!» jubila-t-il, et il ordonna aux autres chats de scier le tronc de cet arbre.

Les douze matous eurent raison du tronc en quelques minutes et l'arbre tomba juste devant le treizième. Mais par chance, quand l'arbre s'effondra, je me pris dans les branches d'un autre arbre proche. Alors, les chats s'attaquèrent à lui, mais je réussis à bondir encore dans un arbre voisin. En fin de compte, les matous défrichèrent ainsi l'épaisse forêt jusqu'à ce qu'il ne restât plus qu'un seul arbre dans lequel je m'étais réfugié. Pour le coup, je ne savais plus quoi faire pour leur échapper, et ils abattirent aussi mon dernier refuge. Quand il s'effondra, surgit je ne sais d'où une horde de treize loups. Douze d'entre eux étaient gris et étaient menés dans leur course par un treizième, roux.

Les loups attaquèrent les chats et ce fut la plus étrange bataille que j'aie jamais vue dans ma vie. Ils se déchirèrent, se griffèrent, jusqu'à ce qu'il ne restât plus sous l'arbre qu'une douzaine de loups et une douzaine de matous morts. Seuls le matou et le loup roux continuèrent à combattre. La bataille dura encore longtemps, jusqu'à ce qu'ils tombassent morts tous deux. Alors seulement, je décidai de descendre de mon arbre. Mais ce n'était pas facile, car l'arbre était fort incliné et avait le tronc à demi rompu. Plus mort que vif, je tombai de ma cachette et me précipitai dans ma demeure à toute vitesse comme si les matous et les loups étaient encore sur mes talons.

«Alors, dis-moi, roi Conal», dit le brigand noir au souverain, «dis-moi franchement si je n'ai pas été aussi proche de la mort que le cadet de ces princes d'Irlande.»

«Tu as raison, tu l'as vraiment été. C'est pourquoi le prince cadet va devenir mon hôte. Mais l'huile bout encore dans le chaudron pour l'aîné de ces jeunes gens.»

«Qu'elle chauffe donc! Une mort plus proche m'attendait encore. Et pourtant, je suis là.»

«Raconte ce qui s'est passé, et si tu dis la vérité, j'épargnerai ce troisième prince.»

L'INGRAT APPRENTI

Au bout de deux ans de brigandage, je connaissais toutes les ficelles du métier. Car, en vérité, le brigandage est un métier, comme n'importe quel autre. Quand j'y fus passé maître, je pris avec moi deux apprentis, afin qu'ils me donnassent un coup de main. L'un d'entre eux était particulièrement habile. Je fondais sur lui de grands espoirs, car il était malin, possédait des doigts agiles et ne rechignait pas à la tâche. Au bout d'un certain temps, je lui eus appris tout ce que je savais moi-même. Il me sembla même qu'il me surpassait à présent dans le métier, tant il était rapide, souple et expéditif.

J'appris que quelque part, à l'autre bout de notre pays, vivait sous terre un géant incroyablement riche. Il logeait dans une grotte rocheuse dans laquelle il conservait un monceau d'or, d'argent et de pierres précieuses qu'il avait dérobé à de riches seigneurs. Je me mis donc d'accord avec mon apprenti pour aller chez ce géant, et choisir l'instant où il serait hors de chez lui pour y pénétrer et prendre dans son trésor tout ce que nous pourrions emporter. Cela suffirait à nous permettre de vivre fastueusement jusqu'à la fin des temps. Nous marchâmes longtemps pour trouver cette cachette souterraine. Quand nous l'atteignîmes, nous constatâmes qu'un seul chemin menait au repaire de l'ogre et que ce chemin passait par une gorge rocheuse étroite.

Nous surveillâmes les allées et venues du géant pendant plusieurs jours, afin de nous assurer de ses heures d'absence. Nous vîmes qu'il sortait chaque matin pour ne revenir que le soir, portant un sac sur ses épaules. Nous pensâmes que ce sac contenait de l'or, de l'argent et des pierres précieuses.

Un matin, quand nous le vîmes s'éloigner, nous décidâmes d'attacher mon apprenti à une corde, afin qu'il puisse se glisser dans l'étroit passage. Mais il ne s'y fut pas plutôt engagé qu'il se mit à crier et à tirer sur la corde afin que je le remonte.

«J'ai peur», dit-il, «vas-y toi-même, maître, je te tiendrai et, lorsque tu auras amassé assez du trésor, je te remonterai.»

Je m'engageai donc dans l'ouverture et pénétrai dans la vaste grotte. Je regardai autour de moi. Dans chaque coin, des montagnes d'or, d'argent et de pierres précieuses semblaient n'attendre que moi. J'ouvris mon sac et l'emplis autant que je le pouvais. Puis j'en liai l'extrémité avec la corde et criai à mon apprenti : «Tire à présent, mais avec précaution!»

Je surveillai comment il remontait le sac, et puis continuai à m'emparer de tout ce que je pouvais du trésor. Quand j'eus tout pris, je criai à l'apprenti de me relancer la corde. Tout d'abord, il ne répondit pas. Puis il hurla :

«Merci, mon maître, j'ai bien retenu la leçon. Je ne puis vraiment rien apprendre de plus. Porte-toi bien. Et bon courage quand tu seras face au géant!»

Je pensai qu'il plaisantait. Mais quand je ne l'entendis plus et que je vis qu'il ne me lançait pas la corde, je compris que je m'étais mis dans un bien mauvais cas, sans doute le pire dans lequel je me fus jamais trouvé de ma vie. Seule, une mouche aurait pu s'échapper par l'étroit passage qui conduisait hors de la grotte. Alors, je cherchai un endroit pour me cacher, mais je n'en trouvai pas. A l'instant même, j'entendis une sorte de vacarme. Cela ne pouvait être que le géant. Il ne me restait plus qu'à me précipiter dans le coin où l'ogre abandonnait les squelettes de ses victimes. Il revenait justement avec trois nouveaux cadavres. Il les jeta sur les autres et s'approcha de l'endroit où j'étais. Puis il se mit à ôter les vêtements et les chaussures des malheureux et se saisit de tout ce qu'ils possédaient. A moi aussi il enleva vêtements et chaussures. Ensuite, il me jeta dans une immense corbeille avec les autres morts et nous emporta au fond de la grotte au bord d'un gouffre profond. J'étais au fond de la corbeille et réussis à m'agripper à une paroi de celle-ci. Le géant versa le contenu de la corbeille, sans le regarder, puis il la mit sens dessus dessous dans un coin.

J'écoutai longtemps les pas de l'ogre. Puis j'entendis des clappements de langue qui m'indiquèrent qu'il dînait. Enfin, j'entendis : «Chrr! Chrr! Chrr!» Il dormait et ronflait comme une toupie. «Il est temps de sauver ta peau!» me dis-je en sortant de dessous la corbeille. Je retins mon souffle et avançai le plus doucement et précautionneusement qu'il m'eû été donné de faire dans ma vie. Je regardai autour de moi pour voir si je ne trouvais pas une échelle ou une corde avec laquelle le géant aurait pu pénétrer dans la grotte. Et en effet, pour ma sauvegarde, il existait une sorte d'immense échelle taillée dans la roche. Quand le géant s'en allait, il prenait soin de la retourner contre le mur pour que personne ne puisse la voir et s'en servir. Mais à présent, elle était là, bien dressée au bon endroit et je grimpai dessus avec l'agilité d'un écureuil.

«Alors, dis-moi, roi Conal, n'est-ce pas une mort certaine qui m'avait frôlé là, aussi certaine que celle qui menace ce jeune prince?»

«Tu as raison. A partir de maintenant, ces trois jeunes gens sont mes hôtes. Mais ne t'imagine pas que cette huile chauffe en vain dans ce chaudron. Tu t'es tiré de bien des situations. Nous allons voir à présent comment tu vas éviter la mort inévitable qui t'attend.»

«La mort est peut-être inévitable, mais son heure n'est pas fixée», répondit le brigand noir. «Je vais te raconter comment j'ai évité une mort certaine et comment je puis être encore là aujourd'hui.»

«D'accord, raconte. Et si tu dis la vérité, je t'épargnerai et vous serez tous mes hôtes.»

Le brigand noir s'assit sur le coin du banc de pierre. Il détourna les yeux de la vue du roi Conal pour contempler le feu. Et le roi Conal comme les trois frères l'écoutèrent tandis qu'il se mettait à parler.

Une fois, j'étais sur les chemins depuis déjà longtemps et le froid m'avait gelé, la faim me tordait l'estomac, quand j'aperçus une maison. J'y entrai, pensant m'y réchauffer un peu et peut-être aussi m'y restaurer. Mais je n'y trouvai qu'une jeune femme en compagnie d'un jeune enfant. L'enfant riait et trottait, mais la mère se lamentait avec désespoir.

«Pourquoi pleures-tu, au lieu de jouer avec ton enfant?» lui demandai-je, étonné.

«Comment pourrais-je rire et jouer avec lui, alors que nous sommes condamnés à mort», répondit la femme en pleurant de plus belle, «et si l'on te trouve aussi ici, c'en sera fait de toi.»

Tant bien que mal, je réussis à la calmer, et elle put m'expliquer dans quelle demeure j'étais tombé.

«L'an dernier, à l'automne, je me suis rendue avec mes parents au marché de la ville. Parmi les autres gens, il y avait là trois énormes géants. Tout le monde en avait terriblement peur, car ils dérobaient à chacun, sans vergogne, tout ce qu'ils voulaient. Là-dessus, l'aîné des ogres me remarqua. Il se saisit de moi, me lança en travers de ses épaules et m'emporta loin du marché en compagnie de ses frères. Ils m'ont amenée ici et depuis ce temps, je leur fais la cuisine, je lave leur linge et tiens la maison. Mais le pire, c'est que l'aîné veut me prendre pour épouse. Je l'ai supplié d'attendre que j'aie atteint dix-huit ans, mais ce délai expire dans deux jours, et je préfère mourir, ainsi que cet enfant, plutôt que de devenir la femme de cet affreux géant.»

«Mais à qui est cet enfant?»

«Les ogres l'ont volé hier au château royal et m'ont ordonné de le tuer afin de se venger du roi. Ils pensent que, lorsque le souverain apprendra la disparition de son fils unique, il n'aura de cesse de le chercher de par le monde. Il en oubliera jusqu'à l'existence des géants et arrêtera de les traquer. S'il apprenait par hasard que c'était eux qui avaient enlevé son fils, tout le monde serait pétrifié de peur et, eux ils auraient la paix.»

A présent, j'en savais assez.

«Cesse de pleurer et d'avoir peur et écoute-moi», lui dis-je. «Il vaut mieux quelquefois regarder la mort en face pour mieux la combattre. Dans mon sac, je transporte un cochon. Tu vas le faire rôtir et servir aux géants à leur retour quantité de bière. Quant à moi, je me cacherai en compagnie du prince dans la cave. Ensuite, nous aviserons.»

Quand les trois ogres rentrèrent chez eux, je me précipitai dans la cave, tenant le jeune prince dans mes bras. Il y avait là des fûts immenses et de la viande fumée pendait à des crochets. Je me blottis avec l'enfant dans le coin le plus sombre en espérant que je pourrais me cacher ainsi jusqu'à ce que les ogres, bien rassasiés et quelque peu ivres, s'endorment.

Mais avant de s'endormir, les ogres voulurent avoir tout leur content. Le plus jeune vint dans la cave. Il titubait sur ses jambes et s'appuya contre le tonneau derrière lequel je me cachais. Il voulut saisir un morceau de viande et, comme il me tournait le dos, je bondis pour l'assommer. Au bout

[27]

d'un moment, quand les autres ne le virent pas revenir, le cadet descendit à son tour dans la cave. Il chercha à prendre lui aussi la meilleure viande, et se cogna contre son plus jeune frère. Quand il se pencha sur lui, je l'assommai à son tour et il s'écroula. Je ne me souviens plus s'il me fallut attendre longtemps ou non avant que l'aîné descendît dans la cave. Il trouva ses frères, gisant à terre, et en se penchant sur eux, il constata qu'ils étaient morts. Il regarda furieusement autour de lui et ne tarda pas à me découvrir. Il me fit face, se saisit d'une puissante massue qu'il brandit au-dessus de sa tête et abattit avec une telle force qu'il fit un trou dans le sol où l'on aurait pu s'enfoncer jusqu'aux genoux. Heureusement, j'avais fait un saut de côté et son arme ne toucha pas à un seul de mes cheveux. Tandis qu'il retirait sa massue du trou qu'il avait creusé, je bondis sur lui et tentai de l'assommer par trois fois. Mais il avait la vie dure, car il réussit à se relever, à reprendre sa massue et à la lancer vers moi. Il me manqua mais me blessa sérieusement. Son arme alla cogner contre le mur de pierre et rebondit vers lui. Il tomba, mort, auprès de ses frères tandis que le sang jaillissait à flots de ma blessure. J'étais dans un état second, lorsque la jeune fille se précipita vers moi.

«A présent, je peux mourir tranquille, car je vous ai délivrée de ces monstres», lui dis-je.

«Pourquoi devrais-tu mourir?» répondit-elle. «Ressaisis-toi. Les géants possédaient une eau miraculeuse. Je vais te conduire et tes plaies seront guéries.»

Elle me traîna sur son dos jusqu'à la cave voisine où se trouvait un fût plein d'eau à ras bord. Mais je n'en pus voir davantage. Tandis que la jeune fille se penchait avec moi au-dessus de la surface du tonneau, une lumière m'aveugla, puis ce fut le néant. Si je n'avais pas été près de cette eau miraculeuse, je serais sans doute mort. Mais elle me raviva et je repris instantanément des forces à tel point que je pus sortir de la cave sur mes propres jambes.

«Dis-moi donc, roi Conal, si je n'ai pas été une fois encore plus près de la mort que je ne le suis à cet instant?»

«En effet», convint le souverain, «dans ces conditions, tu seras mon hôte le plus précieux. D'autant plus que sans toi, je ne trônerais pas ici à cet instant, car je suis ce jeune prince que tu as sauvé des géants. Mon père savait que mon bienfaiteur était le brigand noir, et il t'a fait chercher dans le monde entier. Mais personne n'a jamais réussi à te trouver. Ensuite, je t'ai fait chercher moi aussi très longtemps et n'ai cessé que lorsque ta mort m'a été annoncée. Je suis donc d'autant plus heureux de t'accueillir dans mon château.»

En peu de temps, les serviteurs eurent dressé le plus fastueux banquet qu'on eût jamais vu à la table royale. Puis le roi récompensa généreusement le brigand noir et offrit des présents aux jeunes princes en souvenir de leur visite. Il leur prêta également ses fameux chevaux.

«Lorsque vous n'en aurez plus besoin, il vous suffira de leur rendre la liberté», leur dit-il, «ils reviendront ici d'eux-mêmes.»

Les trois frères remercièrent le roi Conal et le brigand noir, puis ils s'en retournèrent chez eux par le chemin le plus court.

Du haut de sa plus haute tour, leur belle-mère les aperçut.

«Me rapportez-vous les chevaux du roi Conal?» cria-t-elle.

«Nous te les ramenons, comme tu nous l'as ordonné», répondit l'aîné.

«Je descends!» s'exclama-t-elle.

«Pas si vite!» répondit le cadet. «Nous avons bien promis de te les ramener, mais pas de te les donner. Nous avons donc accompli notre gage.» Et ils relâchèrent tous trois leurs chevaux. Les montures hennirent, piaffèrent et disparurent. On entendit encore longtemps le martèlement lointain de leurs sabots.

«Mais je puis tout de même descendre de cette tour pour manger et boire à satiété, puisque vous êtes de retour», suggéra la reine.

«Nous sommes en effet de retour», répondit le plus jeune des princes, «mais tu ne peux encore descendre de cette tour, car tu oublies que moi, je ne t'ai pas encore proposé de gage pour le jeu que tu as perdu contre moi.»

«Que m'imposes-tu donc?» s'inquiéta la reine.

«Rien d'autre que de demeurer en haut de cette tour tant que tu n'auras pas trouvé trois autres fils de roi à envoyer à la recherche des chevaux du roi Conal.»

En entendant cela, la reine se jeta en bas de la tour et mit fin à ses jours.

Comment Gwion devint le chanteur le plus célèbre

Il y a très, très longtemps, un puissant seigneur avait une jeune et belle femme et deux enfants. La petite fille était la plus jolie et la plus gentille qui pût exister en ce monde. Qui voyait ses cheveux blonds et ses yeux clairs comme le ciel oubliait à l'instant même tous ses soucis. Le seigneur et son épouse auraient été les plus heureux du monde si leur garçon n'avait été le plus affreux enfant des alentours. Il avait les cheveux rêches, les yeux

sombres comme des nuages, les joues rugueuses, bref, même un fantôme aurait été plus charmant que lui.

La dame s'en inquiétait. Elle pleurait souvent en secret et, quand elle contemplait son fils, son sourire s'évanouissait. Mais il n'y avait rien à faire : ce garçon devenait plus laid de jour en jour. Alors, la dame se dit : «Puisque mon fils est le plus vilain d'alentour, qu'il soit au moins le plus intelligent du monde. La beauté lui sera alors moins nécessaire.»

A partir de là, elle ne cessa de se démener. Elle courut de sorcier en sorcier, de femme sage en femme sage pour apprendre d'eux comment rendre son fils le plus intelligent du monde.

Sur leur conseil, elle suspendit un grand chaudron au-dessus d'un feu, elle versa dedans toutes sortes d'eaux puisées dans tous les coins du monde, y jeta des herbes soigneusement choisies, afin de préparer pendant un an et un jour un philtre qui pût donner à son fils tout le savoir possible. Chaque mois, elle rajoutait des épices et de nouvelles herbes que lui procuraient ses conseillers. Elle finit par tout savoir elle-même sur la façon de préparer une potion magique.

Tandis qu'elle faisait cela, elle ordonna aux serviteurs de ne pas approcher du chaudron, afin que personne ne pût savoir quels ingrédients et quelles incantations étaient nécessaires à ce philtre. Elle trouva au village un orphelin à qui elle apprit à se servir d'une grande louche d'or pour remuer le breuvage, mélanger ses composants et prendre soin du feu pour que les tisons demeurent jour et nuit incandescents comme des yeux de loups affamés.

«Gwion», lui promit-elle, «souviens-toi que je te récompenserai généreusement si tu me sers avec fidélité toute l'année. Je t'offrirai de nouveaux vêtements, ta table sera toujours bien garnie et je te remettrai une bourse pleine de pièces de cuivre quand ta tâche sera achevée. Mais prends bien garde qu'aucune goutte de ce philtre ne s'échappe de ce chaudron, ou cela ira mal!» menaça-t-elle. Le garçon eut si peur que tout son corps se mit à trembler. Alors, la dame le rassura : «Ne crains rien, je vois que tu es habile. Contente-toi de faire attention!»

Au bout d'un certain temps, le garçon lui-même ne fut plus capable de compter combien de jours et de nuits il avait passé à remuer le mélange, à l'écumer et à entretenir le feu. Enfin, la dame revint s'asseoir près du foyer et envoya dormir le garçon. L'année s'écoula ainsi pour lui, mais un jour, les herbes se mirent à bouillir un peu trop fort dans le chaudron. L'écume monta et trois gouttes de liquide sombre comme de la suie tombèrent sur la main du garçon. Vite, Gwion les essuya et se remit à remuer les herbes et à écumer afin de ne pas se faire réprimander. Et soudain, il entendit un chuchotement dans l'air. Les arbres parlaient dans le vent, et Gwion les comprenait. Il comprenait aussi les sifflements des oiseaux dans leur nid. Et il s'en réjouit. Il en dansa même de joie, car il réalisait bien que ce nouveau savoir lui venait de ces trois gouttes de potion qui lui étaient tombées sur la main.

A l'aube, la dame vint voir si le philtre bouillait et si le feu brûlait bien sous le chaudron. Il ne manquait plus que trois jours avant l'échéance fixée pour la parfaite cuisson du breuvage. Mais la dame était impatiente. Comme elle tournait son regard vers Gwion, il lut dans ses yeux avec une étonnante clairvoyance. La dame n'allait pas lui donner de nouveaux vêtements, ni une bourse pleine de pièces de cuivre, elle ne désirait pas le récompenser pour son fidèle service, mais comme elle avait enfin ce qu'elle désirait, elle allait envoyer son aide dans l'autre monde afin que personne ne sache par quel subterfuge son fils était devenu si intelligent. Mais, de même que ses yeux avaient trahi la dame, ceux de Gwion le dénoncèrent. Elle comprit que le garçon avait goûté au philtre magique. Les choses auraient mal tourné pour lui s'il n'avait songé à ce moment-là à se transformer en lièvre. Il ne prit pas le temps de réfléchir et se précipita par la porte entrouverte. Il courut dans la cour, sauta le rempart et se perdit dans les fourrés des collines boisées.

La dame ne perdit pas de temps, grâce aux sortilèges qu'elle avait appris, elle se transforma en lévrier, et en trois bonds fut sur les talons du fuyard.

Celui-ci se figea quand il vit le chien, mais il eut encore la présence d'esprit de dire calmement :

«Je désire être un poisson nageant dans les profondeurs!» et aussitôt, il devint un poisson d'argent qui se cacha sous la racine d'un saule. Alors, la sorcière se changea en loutre et plongea dans le trou pour nager vers ce vieux saule. Tandis qu'elle examinait les fonds aquatiques, le garçon se transforma en oiseau et s'envola très haut dans le ciel. Mais soudain, un

vautour fonça sur lui et lui cacha les cieux de ses ailes. L'oiseau se changea alors vite en grain d'orge. Il fut aussitôt mis en grange. Mais une grosse poule noire, avec un bec bien aiguisé, fouilla la paille, cherchant l'unique grain d'orge en cet endroit. Elle le trouva et le coupa en deux d'un seul coup. Une moitié du grain échappa à son bec et se transforma de nouveau en être humain. Mais comme il ne s'agissait que d'une moitié de grain, Gwion ne redevint pas ce qu'il était auparavant. Dans la paille, était couché un nouveau-né. Alors, la dame se changea de nouveau en une belle jeune femme. Elle prit une corbeille, y mit l'enfant et courut en haut d'une falaise qui dominait la mer. Là, elle jeta la corbeille à l'eau. Les vagues la ballottèrent un instant, puis le courant l'emporta et la précipita sur un rocher.

La dame rentra chez elle avec la satisfaction du devoir accompli. Mais elle pâlit d'effroi quand elle vit que le breuvage avait réduit et que les herbes avaient attaché au fond du chaudron pendant qu'elle poursuivait le garçon. Mais il était vain de se lamenter. Aucun sortilège, aucune larme ni aucune lamentation n'y pouvait rien.

Cependant, le prince Elphin, naviguait dans la baie pour vérifier si ses filets s'étaient emplis pendant la nuit. C'est alors qu'il aperçut une corbeille dans le remous. Il l'attrapa à l'aide de son crochet, l'ouvrit et découvrit un beau bébé. Il le prit aussitôt dans ses bras, l'enveloppa dans sa chemise de laine et rama de toutes ses forces vers la berge. Les femmes de son château le nourrirent et s'en occupèrent si bien que, de jour en jour, l'enfant grandit, devint beau, fort et intelligent.

Quand l'enfant eut atteint l'âge de sept ans, le prince Elphin fut capturé à la chasse par la compagnie du Roi du Nord, qui l'emmena, comme un gibier, dans la forteresse royale. Les jeunes et les vieux du château se lamentèrent et pleurèrent en vain. Personne n'avait la moindre idée pour tirer le prince de sa prison.

Alors, le jeune Gwion déclara :

«Donnez-moi un cheval et une escorte, et je délivrerai le prince.»

La princesse se contenta de sourire tristement :

«Mon enfant, comment le pourrais-tu, alors que tous nos capitaines et nos soldats sont impuissants contre cette forteresse?»

«Je n'emploierai pas la force», répondit l'enfant, «mais je les tromperai si bien qu'ils ne sauront plus eux-mêmes qui ils sont, et ils seront bien obligés de libérer le prince.»

Bon gré, mal gré, la princesse se laissa convaincre et équipa le garçon pour cette dangereuse expédition.

«Partons à présent», cria Gwion en montrant le Nord à ses hommes, «et que le vent soit avec nous!» Quand il vit que sa troupe, de fatigue, tombait presque de cheval, il dit : «Nous nous reposerons quand nous aurons délivré notre prince. Souvenez-vous qu'il est enchaîné entre les murs épais de sa prison, que le froid le gèle, que la faim le tourmente et que ce serait une honte que nous nous reposions maintenant.»

Enfin, ils arrivèrent au bas de la forteresse royale. Les gardes ne purent en croire leurs yeux quand ils virent cette troupe conduite par un enfant. Mais Gwion dressa la tête et cria :

«Ouvrez la porte, et annoncez-nous au roi. Je suis venu pour interroger vos savants et chanter à la place de vos meilleurs bardes. Réservez-nous une place à la table du roi!»

Les conseillers et les chanteurs, les seigneurs et les serviteurs hochèrent la tête quand ils entendirent ces mots de la bouche d'un enfant. Seul, le roi se contenta de sourire. Quand on conduisit le jeune visiteur devant lui, il remarqua qu'il avait un habit brodé d'or, comme celui d'un prince, que la selle de son cheval était incrustée de pierres précieuses, et il ordonna qu'on fît place à toute la troupe à sa table.

«Mon seigneur», dit Gwion après avoir bien dîné, «je suis venu interroger tes courtisans les plus savants et chanter à la place de tes meilleurs chanteurs, car j'ai entendu dire que les tiens chantaient comme de vulgaires coqs débutants.»

Le roi rougit de colère et ordonna à ses bardes de chanter sa ballade préférée qui parlait de son château, la plus puissante forteresse qui existât, et de son royaume, supérieur à tous les autres. Le garçon ne prêta que peu d'attention aux chanteurs qui bêlaient et jouaient faux au point que les oreilles de l'assistance avaient peine à les supporter. Leur chant rappelait bien celui de jeunes coqs inexpérimentés, quand ils apprennent à pousser leurs cocoricos.

«Cela suffit!» hurla le roi hors de lui. «Et maintenant, montre ce que tu sais faire!» ordonna-t-il à Gwion.

«Auparavant, permets-moi, Sire, d'interroger chacun de tes vingt-quatre conseillers. Je leur poserai une devinette qui leur donnera à réfléchir au moins jusqu'au matin!»

Cette fois, ce fut au tour des savants de rougir de colère.

«Bien, si mes conseillers ne trouvent pas ton énigme, tu pourras me demander ce que tu voudras, je te l'accorderai», s'écria le roi. «Mais donnant, donnant : s'ils déchiffrent ton énigme, ni toi ni ta troupe ne pourrez sortir de ce château avant d'avoir éprouvé dans votre chair ce qu'il en coûte de se moquer du roi et de ses conseillers.»

«Sache, seigneur, que je n'ai jamais eu l'intention de me moquer de toi. Je ne désire qu'une chose : si je gagne, c'est que tu réalises mon unique prière.»

Toute la cour fut pétrifiée devant tant de hardiesse. Il arrivait justement dans cette salle du palais les seigneurs les plus savants de tout le Pays de Galles et l'on pensa vraiment que ce garçon était insensé. On chuchota qu'il fallait même l'expulser. Mais Gwion passa entre les rangs formés par les seigneurs et leur demanda seulement ceci :

«Dites-moi, messires, de qui il s'agit : Il est le plus puissant des puissants, car la montagne et la plaine s'inclinent devant lui. Il est sans corps, sans os, sans tête, sans bras, sans jambes, et pourtant il domine toute la terre bien que personne ne l'ait jamais vu!»

Les savants tinrent conseil. Ils proposèrent ceci et cela, et réfléchirent non seulement jusqu'au matin, mais trois jours et trois nuits sans fermer l'œil. Mais ils ne trouvèrent pas.

«Nous renonçons!» dit enfin le plus âgé des conseillers aux cheveux blancs.

«Si vous ne passiez pas tout votre remps à votre table à compulser des livres, vous auriez deviné qu'il s'agissait du vent», répondit Gwion en souriant tranquillement.

Les seigneurs se mirent en colère encore plus furieusement qu'auparavant pour avoir été menés par le bout du nez par un enfant. Et ils voulurent le punir. Personne ne songea à lui demander ce qu'il désirait pour avoir gagné. Mais à ce moment-là, un murmure léger se fit entendre. Il s'amplifia et se transforma en vacarme. Il soufflait à présent un vent puissant qui devint vite une tornade.

Le vent sauvage arracha le toit de la tour où le roi gardait le prince prisonnier. Il emporta ce dernier avec la légèreté d'une plume, et ses chaînes tombèrent sans qu'il fût besoin de les limer. Le prince Elphin était libre à présent comme un oiseau. Puis le vent s'introduisit dans la salle du trône et les seigneurs furent emportés. Le roi, ses conseillers et les autres courtisans furent soulevés de terre comme s'ils dansaient dans le vent. Ils ne purent reprendre leur équilibre tant qu'ils ne firent pas la promesse solennelle de laisser Elphin et Gwion en paix pour le restant de leurs jours et de ne plus jamais les traquer, ni eux, ni leurs enfants, ni leurs petits-enfants. Alors seulement, Gwion les délivra en prononçant un mot. Chacun reprit sa place dans la salle royale et les chanteurs saisirent leurs instruments et donnèrent de la voix.

Pas étonnant après cela que la renommée de Gwion s'étendît dans tout le royaume. En peu de temps, il devint le chanteur le plus célèbre de tout le Pays de Galles. Quand il ouvrait la bouche, les autres se taisaient. Sa voix s'élevait, seule, et résonnait dans le vaste monde et ce qu'elle chantait produisait comme un charme. En l'écoutant, tout le monde en oubliait le temps. C'est pourquoi, depuis ces temps très anciens jusqu'à aujourd'hui, personne n'a oublié le célèbre Gwion.

Le lièvre d'argent

Autrefois, un puissant seigneur breton vivait au bord de la mer. Sa femme était morte jeune, et il lui restait un fils unique et trois filles très belles. Au bout d'un certain temps, sa peine et sa douleur s'apaisèrent et il aurait vécu heureux et en paix si, dans la montagne voisine, n'étaient apparus trois géants. Personne ne savait d'où ils venaient, mais ils étaient affreux et tout le pays tremblait devant eux. Et pour cause! Ils s'emparaient de tout ce qu'ils voyaient. Ils emportaient dans leur montagne vaches, chevaux, moutons, chèvres, charrettes et même quelquefois des gens. Le seigneur ne trouva rien de mieux, pour se protéger d'eux, que de faire élever de puissantes murailles autour de son château et de poster des gardes dans tout le jardin.

Ses filles n'avaient pas le droit de s'aventurer hors du château, afin de ne pas risquer de rencontrer ces géants. Elles n'avaient le droit de se promener que dans le jardin. Quant au fils, accompagné d'une escorte armée, il allait de temps à autre à la chasse dans la montagne. En vérité, ils menaient tous là une vie bien monotone, sans joie véritable, marquée uniquement par la peur et l'angoisse. Cela allait donc mal et cela empira encore. Un jour que le jeune seigneur revenait de chasse au château, il fut accueilli par des pleurs et des lamentations.

«Mon cher fils», se plaignit le seigneur, «ta sœur aînée a disparu. Ses sœurs l'ont soudain perdue de vue dans le jardin, comme si la terre l'avait engloutie. Les géants l'ont sans doute emportée par quelque sortilège.»

Le maître de ces lieux, malgré sa douleur, ne perdit pas la tête et fit doubler la garde du château et du jardin. Mais cela ne servit guère car, le mois suivant, la sœur cadette disparut à son tour. Comme elle passait la porte, elle disparut soudain aux regards de tous, comme si la terre l'avait engloutie.

De désespoir, le puissant seigneur breton maigrit et s'affaiblit de jour en jour. La plus jeune des sœurs ne s'aventurait même plus sur les marches de l'escalier du château. Elle ne sortait pas de sa chambre où on la surveillait à chaque pas. Pourtant, un mois plus tard, des pleurs et des plaintes résonnèrent à nouveau dans le château. Une nuit, la jeune fille disparut de sa chambre, comme si le vent l'avait emportée.

Son malheureux père en mourut de chagrin et le fils unique, Malo, ne mit plus un pied hors du château, se contentant d'y pleurer son père et ses sœurs. Au bout d'un certain temps, quand la solitude lui pesa, il partit à la chasse pour dissiper sa tristesse. Il marcha, marcha dans la montagne, il traversa des halliers, sans jamais rencontrer un animal ni un oiseau. Une fois seulement, il aperçut un lièvre dont la fourrure scintillait comme de l'argent.

«Eh! Ce serait dommage de tirer sur un lièvre aussi beau. Mieux vaudrait l'attraper et l'emporter au château pour le lâcher dans le jardin.» Le lièvre, comme s'il avait compris que le chasseur ne voulait pas l'abattre, le regarda en face sans bouger ni agiter les oreilles. Malo leva le bras qui tenait son filet. Il le brandit au-dessus du lièvre qui, d'un seul coup reprit vie, bondit, et s'enfuit pour s'arrêter un peu plus loin, semblant attendre.

Le lièvre se joua ainsi longtemps du jeune chasseur. Finalement, Malo en colère épaula son fusil et tira sur le lièvre d'argent. Mais celui-ci ne sembla pas atteint par les balles.

«Eh! Tu es le pire brigand que je connaisse!» s'exclama le jeune homme furieux. «Tu possèdes sans doute quelque pouvoir magique pour échapper ainsi à mon arme. Où me conduis-tu?»

«Je ne t'ai conduit nulle part ailleurs qu'auprès de ta sœur aînée», déclara tout à coup le lièvre avec une voix humaine. «Derrière ce buisson, tu trouveras le château où elle vit.»

Sans perdre plus de temps à l'écouter, Malo courut vers sa sœur, oubliant sa rencontre avec l'étrange animal et la chasse elle-même. Il arriva devant une vieille forteresse, entourée d'énormes murailles. Il frappa à la porte derrière laquelle il entendit la voix de sa sœur bien-aimée.

«Qui est-ce?»

«Ton frère, Malo. J'ai fini par te retrouver, ma petite sœur!»

Eperdue de joie, elle lui ouvrit et le serra dans ses bras. Puis elle soupira:

«Mon petit frère, j'ai peur pour toi. Mon mari va rentrer dans peu de temps et qui sait ce qu'il te fera? Il n'est pas vraiment méchant, mais c'est un ogre sauvage. Il est capable de faire un repas avec six bœufs rôtis, et je ne sais jamais ce qui peut lui passer par la tête...»

Malo se sentit effrayé, mais il n'en laissa rien paraître.

«Allons, il ne me mangera pas», plaisanta-t-il. «Cache-moi quelque part, que je puisse voir comment tu vis ici. Et au matin, je m'en irai.»

La sœur aînée cacha donc son frère dans un coin, derrière une rangée de gros tonneaux. Là-dessus, le géant ouvrit la porte et entra avec six bœufs. Il cria de loin:

«Femme, j'ai apporté notre dîner!»

Il s'installa à table. Bien que taillé dans les troncs épais de plusieurs chênes robustes, son banc ploya sous son poids.

«J'ai soif, donne-moi donc un peu de vin», gronda-t-il.

La jeune femme prit un récipient d'argent, l'emplit de vin et le posa devant son époux. Le géant se désaltéra mais soudain, il s'écria:

«Pouah! Ce vin empeste l'homme. Dis-moi qui tu as caché là. Je veux le voir, sinon cela ira mal pour toi!»

L'épouse du géant prit peur.

«Ne te fâche pas, mon bon mari. Mon frère est venu me rendre visite. Ne lui fais pas de mal, je t'en prie!»

«Pourquoi ne me l'as-tu pas dit plus tôt? Puisqu'il est ton frère, il est donc mon beau-frère. Pourquoi lui ferais-je du mal? Montre-le-moi!»

L'ogre bondit. Il découvrit son beau-frère qui tremblait de tous ses membres et il voulut savoir comment il était parvenu jusqu'ici.

«Depuis le matin, j'ai suivi un lièvre d'argent. J'ai voulu l'attraper pour le mettre ensuite dans mon jardin, mais il ne s'est pas laissé faire. J'ai même essayé de lui tirer dessus, mais je n'ai pas réussi à l'atteindre», avoua Malo. «Demain, je me remettrai à sa poursuite.»

«Ne t'épuise pas derrière ce lièvre. Reste plutôt auprès de ta sœur!» sourit le géant. «Sache, mon cher beau-frère, que je le poursuis moi-même depuis cinq cents ans et que je n'ai pas encore réussi à l'attraper!»

Cependant, Malo ne se laissa pas convaincre.

«Peut-être la chance me sourira-t-elle demain?» dit-il.

L'ogre détacha du mur une corne de chasse en ivoire et la donna à Malo.

«Si tu ne peux faire autrement, sache que je viendrai à ton secours quand tu m'appelleras. Souffle dans cette corne et, où que je sois à ce moment-là de par le monde, je me retrouverai aussitôt près de toi.»

Le jeune homme le remercia. Il prit du bon temps en famille. Il se reposa, puis au matin, il prit congé de sa sœur et de son beau-frère.

«N'oublie pas de te servir de ma corne!» cria le géant.

Le chasseur marcha et erra dans les fourrés quand soudain quelque chose miroita devant ses yeux. Cela ressemblait à une boule d'argent.

«Ah! Ah! Tu es donc là!» s'écria le garçon. Mais il eut tort de se réjouir trop vite, car le lièvre l'entraîna jusqu'au soir par monts et par vaux, à travers les broussailles et les taillis. A la tombée du jour, Malo soupira :

«Je vais passer la nuit ici, dans la montagne, et je continuerai demain.»

«Pourquoi passerais-tu la nuit dans la montagne, alors que derrière ce buisson se trouve le château de ta sœur cadette?» proclama le lièvre à voix humaine.

Et tout se passa comme la veille. Le jeune homme arriva devant une vieille forteresse. Il frappa à la porte et, quand sa sœur reconnut sa voix, elle fut éperdue de joie. Elle l'embrassa, le caressa et soupira ensuite, comme sa sœur aînée :

«Mon petit frère, j'ai peur pour toi. Mon mari va rentrer et qui sait s'il ne te fera pas de mal? Il n'est pas vraiment méchant, mais c'est un géant puissant qui est capable de faire son repas d'une douzaine de bœufs, et je ne sais pas ce qui peut lui passer par la tête...»

La sœur cadette cacha aussi son frère dans un coin, derrière une rangée de tonneaux, mais en vain! Quand le géant but son vin dans le récipient d'argent, il s'écria :

«Femme, ce vin empeste l'homme! Dis-moi qui tu caches ou cela ira mal!»

Lorsque le géant apprit que le frère de sa femme lui avait rendu visite, il se calma et accueillit son beau-frère aimablement, bien que celui-ci tremblât de tous ses membres. Quand il entendit que Malo poursuivait le lièvre d'argent depuis bientôt deux jours, il éclata de rire.

«Cesse de poursuivre ce lièvre. Mieux vaut demeurer auprès de ta sœur», dit-il. «Sache, cher beau-frère, que je le poursuis moi-même depuis sept cents ans et que je n'ai pas encore réussi à l'attraper.»

Mais, encore une fois, Malo ne se laissa pas convaincre.

«Peut-être que demain, la chance me sourira», répondit-il.

L'ogre détacha du mur un grand bec d'oiseau.

«Lorsque tu ne pourras plus faire autrement, beau-frère, sache que je viendrai à ton aide lorsque tu m'appelleras. Siffle dans ce bec d'oiseau et, où que je sois de par le monde, je me retrouverai à tes côtés.»

Le jeune homme le remercia. Il se reposa puis, au matin, il prit congé de sa sœur et de son beau-frère.

Après une longue marche et une longue errance, Malo ne fut pas étonné de voir que le lièvre l'avait cette fois conduit chez sa plus jeune sœur. Elle se réjouit, comme les deux autres de le revoir, et son époux l'accueillit à bras ouverts. Mais quand Malo lui raconta qu'un lièvre d'argent l'avait conduit jusqu'ici après trois jours de poursuite, l'ogre sursauta si fort que les remparts de la vieille forteresse en tremblèrent.

«Sache, beau-frère, que je poursuis ce lièvre depuis mille ans sans avoir réussi à le rattraper. Il me semble toujours que je vais l'atteindre, mais il disparaît à mes yeux en fumée. En vérité, je ne l'ai pas vu depuis bien long-temps, et je pensais qu'il avait définitivement disparu. Ne te soucie donc pas de lui. Reste auprès de ta sœur qui se réjouit de ta présence. Rien ne te manquera ici.»

«Ce serait avec grand plaisir, mais je veux encore tenter demain de l'at-traper», répondit Malo. Alors, son beau-frère lui donna une boucle d'or et lui promit de lui venir en aide quand il la serrerait au creux de sa main.

Au matin, le cœur lourd, Malo prit congé de sa famille et repartit à la re-cherche du lièvre d'argent. Il l'aperçut, non loin de là, sous un buisson, qui semblait l'attendre. A nouveau, le lièvre l'entraîna à travers fourrés et hal-liers jusqu'à ce qu'ils atteignissent la mer immense.

«Enfin, je vais pouvoir t'attraper!» se réjouit le chasseur, mais en vain! Le lièvre bondit de la falaise dans la mer et courut à la surface comme sur la terre ferme, laissant derrière lui un sillage que Malo suivit des yeux tant qu'il le put.

Le malheureux jeune homme chercha désespérément une barque, mais le rivage était désert. Enfin, entre deux falaises, il aperçut une petite mai-son de pierre. Il y entra et là, assis derrière le volet, il trouva un vieux cor-donnier.

«Bonjour, grand-père», l'interpella Malo. «Dis-moi, je te prie, si tu n'as pas vu, il y a un instant seulement, passer un lièvre d'argent? Il m'a échap-pé et s'est enfui sur la mer comme s'il s'agissait de la terre ferme, en lais-sant derrière lui un sillage. Enfin, il a disparu, comme une sorte de brouil-lard.»

«Je n'ai rien vu», répondit l'homme.

«Je le poursuis depuis trois jours dans les fourrés et les halliers, et je ne sais pas ce que je donnerais pour savoir où il est à présent», soupira Malo.

«Puisque c'est ainsi, je vais te donner un conseil, jeune seigneur. Tu risques de passer ta vie à poursuivre ce lièvre d'argent sans jamais réussir à l'attraper, car il ne s'agit pas vraiment d'un lièvre, mais de la fille ensorcelée du roi de Perse. Quant à moi, je suis son bottier. Chaque jour, je lui fabrique deux paires de bottes d'argent et les lui porte dans son palais.»

«Grand-père, je t'offrirai tout ce que tu voudras si tu m'emmènes avec toi», supplia Malo.

«Je n'ai besoin de rien, mais tu t'attaques à une chose bien difficile, jeune seigneur», répondit le bottier. «Beaucoup de jeunes gens ont déjà perdu la vie en voulant délivrer la princesse. Quant à moi, je n'ai pas le droit d'aider quiconque à parvenir jusqu'au château, sinon je risque d'être pendu.»

Malo n'écoutait déjà plus. Tout ce qu'il avait retenu, c'était que le bottier allait bientôt se rendre au château, et il ne cessa de le supplier de l'emmener avec lui. Il jura de bien se cacher, lorsqu'il serait dans la forteresse et il promit qu'au cas où on le découvrirait tout de même, il ne dirait pas qui l'avait aidé à entrer, même s'il devait en perdre la vie. Bon gré, mal gré, le bottier finit par se laisser convaincre. Il donna au jeune homme une cape qui le rendit instantanément invisible. Puis il se cacha lui-même sous un semblable vêtement. Il prit Malo sur son dos et l'emporta dans les airs. Ils volèrent ainsi comme le vent au-dessus de la mer immense et se dirigèrent tout droit vers le château du roi de Perse.

«Et maintenant, attention, jeune seigneur!» chuchota le bottier à Malo. «Marche derrière moi silencieusement si tu ne veux pas être découvert! Tant que tu portes cette cape sur tes épaules, tu demeures invisible, mais on pourrait tout de même t'entendre.»

Le jeune chasseur invisible erra silencieusement dans le château. Il y vit beaucoup de trésors et de pierres précieuses à chaque pas, mais pas le moindre être humain. Le soir seulement, apparurent des quantités de serviteurs et de courtisans jeunes et vieux. Dieu seul sait d'où ils venaient.

A la tombée de la nuit, la princesse surgit de la mer et, sur-le-champ, tout se mit à briller dans le château, comme si l'étoile du soir était apparue dans le ciel. Mais le visage de la princesse ne montrait que tristesse, et des larmes brillaient dans ses yeux, pareilles à des pierres précieuses.

«Hier, j'ai vu mon bien-aimé pour la dernière fois», se plaignit-elle à sa vieille nourrice. «Et je l'ai cherché en vain aujourd'hui.»

La vieille femme la réconforta comme elle le pouvait.

«Ne te tourmente pas, jeune maîtresse, tu le reverras sans doute. Pour l'instant, tu ferais mieux de manger quelque chose et de te reposer. Tu as beaucoup couru de par le monde et tu es sans doute fatiguée.»

Alors, la princesse se résigna à grignoter quelques mets choisis dans des plats de vermeil et Malo, en la regardant faire, se rappela qu'il avait faim. Quand tout fut calme et qu'il fut seul avec la princesse, il se décida à parler pour lui reprocher doucement :

«Belle princesse, tu t'es désaltérée et rassasiée, alors que la faim me tourmente.»

La princesse faillit tomber d'étonnement et de peur.

«Qui es-tu? D'où viens-tu?» demanda-t-elle. «Je ne vois personne ici!»

Malo ôta la grande cape qui l'enveloppait. Alors, il n'y eut plus face à face qu'un jeune et charmant chasseur et une belle princesse qui, par bonheur, se plurent.

Au matin, la princesse se présenta devant le roi.

«Mon bon père, tu sais que je dois partir courir dans les montagnes, mais dis-moi auparavant si je peux me marier, alors qu'il ne nous reste qu'une année de sortilège à supporter.»

«Tu peux et tu ne peux pas», soupira le vieux roi, «car personne n'a pu encore demander ta main. Tous ont péri en chemin.»

Alors, la princesse persane conta à son père comment, jour après jour, un jeune chasseur l'avait poursuivie depuis les côtes bretonnes jusqu'ici et comment il l'avait retrouvée au-delà des mers.

«Ma fille, j'accepterai un tel jeune homme pour gendre avec plaisir. Que l'élu de ton cœur vienne ici. Nous attendrons ensemble la fin du sortilège. Mais il n'aura pas le droit de faire un pas hors de l'enceinte du château, tandis que tu continueras ta course de par le monde sous l'apparence d'un lièvre. Je te le dis: ce sera dur pour vous deux. Ton époux se languira de toi.»

Malo accepta son sort, bien que cela ne fût pas facile. Il errait seul, tout le long du jour, dans le jardin. Il allait et venait dans le château et devait attendre que sa princesse revînt le soir, et se débarrassât de son apparence de lièvre d'argent pour redevenir une jeune et belle femme.

Au bout d'un moment, le jeune homme connut tous les recoins du château et l'impatience commença à le ronger. Son cœur souffrait quand il songeait à sa femme, errant à travers Dieu sait quels fourrés, à la merci de tous les dangers. Tandis qu'il allait et venait ainsi avec impatience d'une pièce à l'autre, il lui sembla un jour entendre un drôle de bruit. Il visita toutes les pièces, regarda dans la cour, fouilla le jardin, mais rien. Pourtant, au fond du jardin, le bruit lui parut plus fort et plus distinct. Alors, il oublia ce que lui avait recommandé sa femme le soir de leurs noces: «Si tu demeures bien un an et un jour sans sortir du château ni du jardin, je ne me transformerai plus jamais en lièvre et nous serons tous délivrés de ce sort. Par contre, si tu poses ne serait-ce qu'un pied hors des remparts, nous serons tous perdus.»

L'insouciant Malo voulut au moins savoir ce qu'il se passait derrière la muraille. Il ouvrit donc le portail et vit que derrière, se tenait l'entrée d'un souterrain. Il entrouvrit la porte et aussitôt, il en jaillit un diable.

«Je te remercie, jeune seigneur, de m'avoir délivré. J'avais peur que tu ne viennes pas. A partir de maintenant, ton épouse est la mienne. Porte-toi bien, moi, je vais la retrouver!» ricana-t-il.

«Eh! Attends un peu!» hurla Malo plein d'effroi. «Est-ce ainsi que tu me remercies de t'avoir délivré? Laisse-moi au moins dire adieu à ma femme. Pour cela, accorde-moi un seul jour!»

«Comme tu voudras», admit le diable, «je t'accorde un jour avec elle, mais souviens-toi que je viendrai la chercher demain à midi et que je l'emmènerai aussitôt.»

Là-dessus, le diable se mit à souffler et retourna en enfer. La mort dans l'âme, Malo retourna au château. Pour un peu, il se serait arraché les cheveux de désespoir. Le soir, lorsque sa femme le vit, elle comprit qu'il se passait quelque chose de grave. Elle pâlit, comme si tout son sang l'avait quittée.

«Malo, mon époux, tu es sans doute sorti du jardin et tu as délivré le diable?» demanda-t-elle.

«Pardonne-moi, ma chère femme, mais j'avais entendu un bruit, comme si les murailles allaient s'effondrer. Je ne me suis même pas rendu compte que je sortais du jardin. Je voulais seulement savoir ce qu'il se passait. Ne crains rien, je ne te donnerai pas à ce diable et je le renverrai dans les flammes de l'enfer.»

Le lendemain à midi, le diable apparut au château.

«Où est la princesse persane?» demanda-t-il à Malo.

«Elle est là, elle s'habille», répondit le jeune homme. «Rends-toi sur le pré, devant le château, je te l'y conduirai.»

Le diable fit ce qu'il lui disait et, quelque temps après, Malo le rejoignait ainsi que la princesse. Il n'avait pas encore passé la porte du château que le diable tendait déjà les bras. Mais Malo était malin et souffla vite dans la corne de chasse que lui avait offerte son beau-frère. Alors, tous les animaux à cornes accoururent des quatre coins du monde et s'attaquèrent au diable. Ils le piquèrent et le malmenèrent si bien que le diable en trépignait de douleur. Il finit par déclarer : «Je reviendrai demain!» Et il disparut.

Le jour suivant, quand le diable fit son apparition, Malo siffla dans le bec que lui avait donné son beau-frère et, à l'instant même, tous les oiseaux se précipitèrent sur le démon. Ils l'attaquèrent à coups de bec et faillirent bien lui crever les yeux. Ils l'auraient sans doute tué, s'il n'avait réussi à s'enfuir. Mais auparavant il répéta qu'il reviendrait le lendemain chercher la princesse.

«Ce sera la dernière fois!» lui lança Malo, «ensuite, ne reparais plus devant moi, ou bien tu ne repartiras pas vivant!»

La troisième fois, le chasseur breton attendit le diable avec la boucle d'or de son beau-frère. Dès qu'il la serra dans sa main, tous les animaux à fourrure accoururent des quatre coins du monde. Ils attaquèrent le diable avec leurs crocs, leurs griffes et leurs défenses aiguisés. Le démon eut beau se défendre, ils ne le laissèrent pas s'enfuir tant qu'il n'eut pas signé de son sang vert la promesse qu'il ne ressortirait plus de l'enfer et laisserait désormais en paix la princesse persane. Alors, le diable fut abandonné à demi mort quelque part et tout redevint comme avant le sortilège. Inutile de raconter comment la joie éclata de partout à l'annonce de cette délivrance.

Le roi de Perse invita la noblesse du monde entier à se joindre à un formidable banquet qui dura trois années, au cours desquelles tous se réjouirent et se régalèrent. Les sœurs de Malo vinrent aussi, accompagnées de leurs maris, tous les trois également délivrés de leur sortilège et redevenus de beaux jeunes princes. Tous remercièrent Malo, et vécurent ensuite dans un bonheur complet. Peut-être vivent-ils encore aujourd'hui, si la mort les a épargnés...

Jamie et la belle endormie

Il était une fois une pauvre veuve. Elle n'avait en tout et pour tout qu'un fils unique, une misérable chaumière et un lopin de terre. Mais malgré sa pauvreté, son cœur bondissait toujours de joie quand elle contemplait son fils. Jamie était un garçon solide. Depuis qu'il était petit, il avait l'habitude de garder les moutons, ou de donner un coup de main aux voisins, et quand cela lui rapportait une pièce de monnaie ou quelque nourriture, il s'empressait d'aller l'offrir à sa mère. Ainsi vivaient-ils en paix. Cela aurait pu continuer de cette façon jusqu'à aujourd'hui, si Jamie n'avait un jour aperçu des lumières dans un château, au sommet d'une colline. Il s'en approcha et entendit un chant joyeux.

Ce château ne ressemblait pas à ceux qui abritaient autrefois de puissants seigneurs. Il tombait en ruines depuis déjà longtemps. Ses fenêtres étaient percées, son toit à demi effondré et, seuls, des fantômes pouvaient l'habiter, comme disaient les gens du village.

Cependant, la curiosité rongeait Jamie. Il avait bien vu les lumières en haut de la colline et entendu le chant, mais il ne parvenait pas à imaginer ce qui pouvait bien se passer à l'intérieur de la forteresse.

Un jour, en été, plus précisément au mois de juin, Jamie entendit à nouveau le chant s'échapper du château et il vit les lumières scintiller en haut de la colline. Alors, il n'y tint plus. Il bondit hors de sa chaumière et se rua vers les lumières. Le chant joyeux s'échappait toujours du château, en même temps que des rires et une rumeur. En l'entendant, Jamie se dit que cette gaieté cachait quelque chose d'inquiétant et il se dépêcha davantage. Il passa la grande porte et entra dans la cour. Puis il se dirigea droit vers la plus grande salle du château. Là, les tables croulaient sous les vivres et les boissons. Des musiciens soufflaient dans des flûtes et dans des trompes. Toutes sortes de lutins étaient assis à table, mangeant et buvant tandis que de toutes petites demoiselles et de tout petits jeunes gens s'adonnaient furieusement à la danse.

Quand Jamie apparut à la porte, des voix joyeuses l'accueillirent de partout :

«Bienvenue, Jamie, bienvenue parmi nous!»

Les lutins bondirent vers lui et le conduisirent à la table principale. Ils le traitèrent comme un hôte de marque, lui apportèrent autant de mets et de boissons qu'il pouvait en désirer, et Jamie s'amusa tant qu'il ne songea même pas à rentrer chez lui.

Minuit sonna. Les musiciens se turent et les lutins quittèrent leurs tables en s'appelant les uns les autres.

«Allons dans la ville royale! Allons à Dublin pour y chercher la plus belle des jeunes filles! Viens avec nous, Jamie!»

«Je viendrai, puisque vous m'y invitez!» répondit Jamie, et il se précipita vers la porte.

Dans la cour, les chevaux attendaient. Jamie bondit en selle et fut emporté dans les airs, plus vite que le vent. En bas, il aperçut le chalet de sa mère. Puis il fut entraîné au loin. D'en haut, il voyait les montagnes et les vallées, les rivières et les lacs, les prés et les villages. Et, quand ils survolaient une ville ou un bourg, une rivière ou une colline, les lutins citaient son nom. La tête de Jamie tournait en entendant autant de noms étrangers. Tout à coup, les lutins crièrent :

«Dublin! Dublin! Dublin!»

Doucement et silencieusement, ils se posèrent à terre devant un grand palais. Derrière une fenêtre ouverte dormait une belle jeune fille. Elle était plus merveilleuse qu'un rêve. Dès qu'il la vit, Jamie ne put détourner d'elle son regard. Les lutins grimpèrent sans effort jusqu'à elle et l'enlevèrent de son lit. A sa place, ils mirent une bûche qui se transforma sur-le-champ en une vieille femme, en rien comparable à la belle jeune fille.

Puis ils remontèrent à cheval. Et ils s'envolèrent de nouveau vers leur demeure. Ils portèrent la jeune fille chacun leur tour. Le premier qui la porta fut leur chef de file, puis celui qui était juste derrière lui, et ainsi de suite jusqu'à celui qui se trouvait juste devant Jamie. Quand ils survolèrent son village, le jeune homme se manifesta :

«Pourquoi ne me prêtez-vous pas la jeune fille un instant à moi aussi? Vous l'avez tous déjà portée.»

«Ne t'impatiente pas, Jamie, c'est justement ton tour.»

Jamie serra donc contre lui la belle endormie et se dirigea aussitôt avec elle vers le chalet de sa mère.

«Eh! Voleur! Tu veux nous dérober la plus belle fille d'Irlande?» crièrent les lutins à pleine voix en volant à sa poursuite.

Le jeune homme ne lâcha pas la jeune fille bien que les lutins, usant de leur pouvoir, la changeassent en chien noir, en fer rouge, en sac de laine et en Dieu sait quoi. Finalement, ils usèrent tous leurs pouvoirs et laissèrent à la jeune fille son apparence habituelle. Alors, le plus âgé des lutins s'écria :

«Bon, puisque tu veux tant la garder, garde-la! Mais elle ne t'apportera pas beaucoup de bonheur. A partir de maintenant, ta bien-aimée sera muette et sourde!» Ce disant, il agita la main et jeta un sort à la jeune fille.

Jamie poussa un cri. Les lutins disparurent et, sur le seuil de la chaumière, ne se tint plus que la mère angoissée.

«Mon fils, que t'est-il arrivé? Où étais-tu cette nuit et que rapportes-tu?» demanda-t-elle.

«J'étais dans le château et ensuite assez loin dans le monde, et je ramène avec moi la plus belle fille d'Irlande.»

«Mon Jamie, qu'allons-nous faire d'elle?» s'inquiéta la mère. «On voit que cette jeune fille ne vient pas d'une modeste demeure comme la nôtre. Elle a les mains blanches comme neige et une chemise de soie brodée.»

«Mais elle se plaira mieux ici que dans le château, en compagnie des lutins», répondit Jamie.

La pauvre mère hocha la tête, elle enveloppa la jeune fille d'un châle de laine puis elle courut à son coffre pour y prendre ses habits de fête. Quand elle en eut revêtu la jeune fille, celle-ci fut belle comme une image.

«Et maintenant», dit la mère en relevant la tête, «comment va-t-elle pouvoir vivre chez nous, la pauvre?»

«Ne te tracasse pas, Maman, elle y sera cent fois mieux que dans le château, en compagnie des lutins. Quant à moi, je travaillerai pour deux.»

A partir de là, Jamie se donna à la tâche avec plus d'ardeur encore qu'auparavant. La jeune fille elle-même aidait aux alentours de la maison. Elle cousait et brodait si bien que tout le monde admira les merveilles qui naissaient sous ses doigts. Et l'année s'écoula rapidement pour les habitants de la chaumière.

Le mois de juin revint et avec lui, les chants dans le château. Jamie s'échappa de la chaumière et s'en vint rôder autour de la forteresse, afin d'écouter s'il n'entendait pas dire comment il pourrait délivrer sa bien-aimée du sort qui l'opprimait. Il fit le tour des remparts et, soudain, il entendit les lutins évoquer le temps où ils l'avaient rencontré.

«Eh! Eh! Nous nous sommes bien joués de Jamie, l'année dernière. Ce benêt s'imagine qu'il nous a bernés, et maintenant, il ne lui reste qu'une jeune fille sourde et muette dans sa chaumière. Il suffirait pourtant à la jeune fille de boire trois gouttes de ma boisson pour entendre l'herbe pousser et chanter aussi bien qu'un oiseau.»

Jamie n'avait pas besoin d'en savoir davantage. Il attendit dehors un instant, puis il entra dans la salle principale du château comme si de rien n'était. Pourtant, il sentait l'angoisse lui glacer le dos et lui affaiblir les jambes. Cependant, il n'en montra rien aux lutins. Eux non plus ne lui manifestèrent pas leurs véritables sentiments et semblèrent le recevoir sans rancune. Ils l'accueillirent avec des chants et des cris de joie:

«Viens parmi nous, Jamie! Viens boire et manger, viens t'amuser!»

Jamie franchit le seuil mais il ne vint pas s'asseoir à table. Il prit une coupe pleine, comme s'il voulait boire en compagnie des lutins et quand ces derniers portèrent les leurs à leurs lèvres, Jamie se saisit brutalement de celle du plus âgé et s'enfuit avec elle comme une flèche du château. Les lutins enragèrent, puis ils se lancèrent à sa poursuite. Jamie courut, tenant la coupe dans une main, conscient de risquer sa vie avec ces lutins aux talons. Il bondit par-dessus les fossés et les buissons et atteignit le chalet de sa mère au bas de la colline. Quand il se rua dans la maison, contre laquelle les lutins n'avaient aucun pouvoir, presque toute la boisson avait été renversée. Il n'en restait que trois gouttes au fond de la coupe.

Il réveilla la jeune fille pour les lui faire boire. Et à l'instant même, elle put parler et entendre comme jadis. Elle en pleura de joie et raconta jusqu'à l'aube à la mère étonnée et à Jamie qui elle était et quelle vie était la sienne à Dublin. La mère et Jamie l'écoutèrent sans l'interrompre, tant ils étaient captivés. Enfin, quand le jour se leva, la jeune fille se mit debout et dit :

«A présent, je dois rentrer à Dublin. Mes parents se font sans doute du souci pour moi.»

«Et comment, ma belle? Nous n'avons pas assez d'argent pour que tu prennes le coche, et à pied, ce serait trop loin», protesta la mère.

»J'irai, si Jamie veut bien encore m'aider», dit la jeune fille.

Le lendemain, Jamie prit les bagages sur son dos, et dit gentiment adieu à sa mère. La jeune fille se sépara de la brave femme en larmes. Puis tous deux se mirent en chemin vers la lointaine Dublin.

La route fut longue et pénible, mais ils finirent par atteindre la ville sains et saufs. Ils s'arrêtèrent devant le grand palais et frappèrent à la porte. Quand le garde ouvrit le guichet, la jeune fille lui ordonna :

«Mon garçon, va dire à ton maître que sa fille est de retour.»

«Notre maître n'a pas de fille», répondit le serviteur. «Il en a eu une, très belle, autrefois, mais elle est morte depuis un an.»

«Tu ne me reconnais donc pas?» s'étonna la jeune fille.

Le vieux serviteur secoua la tête, mais il envoya néanmoins un gamin prévenir le seigneur.

Un instant plus tard, ce dernier se tenait à la porte.

«Mon cher papa!» s'écria la jeune fille, enchantée.

«Comment oses-tu m'appeler père! Je n'ai pas de fille et, en tout cas, je n'en ai jamais eu qui te ressemble», répondit le seigneur en refusant de les laisser entrer.

«Appelez votre femme!» supplia la jeune fille en pleurant amèrement.

Le seigneur ne voulait rien entendre, mais il finit tout de même par faire appeler sa femme.

«Ma chère maman, toi non plus tu ne me reconnais point?» se plaignit la jeune fille en tendant les mains vers la dame de façon suppliante.

Celle-ci tourna tristement la tête vers la jeune fille en vêtements paysans. Elle la contempla longuement et lui ouvrit les bras.

«Mon enfant!»

Quel accueil! De tous les environs, les voisins accoururent et forcèrent les jeunes gens à conter leur histoire. Jamie dut faire le récit de la façon dont il avait délivré la jeune fille.

Trois jours durant, Jamie ne fit que se reposer, manger, raconter son histoire et jouir des beautés de Dublin. Puis il voulut rentrer chez lui. En vain le pria-t-on de rester. Il dit qu'à la maison l'attendaient sa mère et beaucoup de travail.

«Si tu pars, je pars aussi», affirma la jeune fille à Jamie en lui offrant sa main.

«Pensez-vous qu'il n'y ait pas assez de place dans ce palais pour tout le monde?» dirent les parents.

Et aussitôt, ils envoyèrent un coche pour ramener la mère de Jamie.

Ensuite, tous vécurent heureux, et en paix, dans la célèbre ville de Dublin.

Gros-Yeux

Autrefois, dans un chalet au pied de la montagne, vivait une veuve avec ses trois fils. Un jour, alors que la neige tombait, drue, la pauvre femme voulut faire cuire des gâteaux. Comme elle s'apprêtait à prendre du bois pour alimenter le four, elle constata qu'il ne lui en restait plus beaucoup.

«Va donc dans la montagne glaner quelques branches mortes!» ordonna-t-elle à son fils aîné.

Le jeune homme n'avait guère envie de se lever de son banc et de sortir dans la tourmente. Mais sa mère le poussa au-dehors. Il faillit bien passer trois ans dans la neige, car il tomba dans un trou jusqu'à la ceinture. Il finit cependant par sortir de l'ornière, rentra chez lui et s'assit près du feu. Mais dans sa précipitation il ne rapporta point de bois mort dans son sac.

Le bois qui restait fut vite brûlé. La braise s'éteignit alors que le matin était encore loin de se lever. Le cadet des fils s'en aperçut. Il se leva et s'en alla, seul, dans la montagne, pour ramasser du bois mort. Il se fraya un passage à travers la neige profonde et molle, repéra quelques branches sèches et les emporta vers la maison. En chemin, il vit soudain une haute cabane en bois. Il la contempla avec étonnement, car il ne l'avait jamais vue auparavant à cet endroit. Il en fit le tour pour trouver l'entrée, car il voulait voir l'intérieur. Mais il ne trouva jamais la porte de la haute tour de bois. Il en fit une nouvelle fois le tour et, quand il l'eut bien examinée, il remarqua un unique guichet sous le toit. A l'instant même, la lucarne s'ouvrit et une grosse tête y apparut, avec d'énormes yeux, gros comme des poings.

«Eh! Jeune homme», cria Gros-Yeux, «s'il te plaît, aide-moi! Apporte-moi un peu d'eau. La source n'est qu'à trois pas. Tu y trouveras une cruche. Tu le vois, je ne puis sortir d'ici et la soif me tourmente cruellement.»

«Que me donneras-tu en échange?» demanda le garçon.

«Je ne possède rien du tout», répondit le vieillard, «mais je te récompenserai par un bon mot.»

«Alors, aide-toi toi-même!» répliqua le jeune homme. «A quoi me servirait un bon mot? J'ai besoin de trouver du bois en vitesse, afin que nous ne mourions pas de froid à la maison.»

Comme il retournait chez lui, il heurta soudain une souche cachée sous la neige. En voulant l'enjamber, il s'accrocha à une branche épineuse et hurla de douleur. La peur et la souffrance l'étreignirent. Il s'enfuit de la montagne, battu et griffé, pour finalement s'effondrer à demi mort dans le chalet maternel.

«Que t'est-il arrivé, mon garçon?» demanda la veuve.

«Des gardes-chasse!» grommela le jeune homme, honteux. «Ils se trouvaient dans la montagne et ils ne m'ont pas laissé prendre la moindre brindille. Ils m'ont même chassé en criant et en me battant.»

«Pauvre de nous!» se lamenta la pauvre femme. «Nous n'avons plus de feu et rien à nous mettre sous la dent. Nous allons dépérir dans peu de temps.»

Alors, le plus jeune des fils se leva.

«Je vais aller tenter ma chance dans la montagne. Peut-être qu'elle me sourira?»

David — c'est ainsi qu'il se nommait — sortit de la chaumière. Il se fraya un chemin dans la neige épaisse et, un moment plus tard, aperçut une haute tour de bois dans la montagne. Cela l'étonna fort. Mais voici que le guichet s'ouvrit une nouvelle fois et que Gros-Yeux cria:

«Hé! Jeune homme, je t'en prie, aide-moi! Apporte-moi un peu d'eau, car la soif me tourmente. A trois pas d'ici, tu trouveras une source et même une cruche. Apporte-la-moi pleine. Tu vois bien que je ne puis sortir d'ici.»

«Bon», accepta David. Il se fraya à nouveau péniblement un chemin entre les congères et finit par atteindre la source. Puis il s'en retourna avec la cruche pleine.

Gros-Yeux lança une corde par le guichet. Le garçon y attacha la cruche, et le vieillard la tira à lui. Il remercia le jeune homme et referma la lucarne.

Vite, David récolta un fagot de bois mort. Il allait le lier, afin de le transporter plus aisément chez lui, mais la curiosité le tourmentait et il regarda autour de lui : la peur le saisit, car la tour de bois avait disparu comme si elle n'avait jamais existé. C'est alors qu'il entendit une voix :

«David!»

Le jeune homme se retourna et vit un drôle de petit bonhomme revêtu d'un habit de roi.

«Je suis le seigneur de la forêt», dit Gros-Yeux. «Un cruel sorcier m'avait emprisonné dans cette tour, mais tu as délié mon sort en apaisant ma soif. A présent, je suis à nouveau libre!»

Tout en parlant, le roi de la forêt retira une bague d'un de ses doigts et l'offrit à David.

«Fils, quand tu auras besoin de quelque chose, dis-le à voix basse à cet anneau et chacun de tes désirs sera réalisé.»

«Je te remercie infiniment, Majesté», dit David en s'inclinant devant le vieil homme et il mit la bague dans une bourse de cuir. Là-dessus, le roi de la forêt se perdit entre les arbres et David retourna vers son fagot. Il ne l'avait pas encore atteint qu'il le vit se lier tout seul et se poser sur son dos. Ensuite, il le transporta chez lui, comme s'il n'était pas plus lourd qu'une plume.

La mère fut heureuse de voir son benjamin revenir avec tant de bois. «Tout va bien à présent!» déclara-t-elle.

Et, dans le chalet, il fit à nouveau bon. Les gâteaux sentirent même meilleur que les plus fines pâtisseries.

Non loin de la chaumière de la veuve, au sommet d'une montagne, se dressait un château où vivait un puissant seigneur. Autrefois, il avait vécu dans la gaieté, mais à présent, le souci le rongeait. Une méchante sorcière avait emporté toutes les richesses du château. Les pièces d'or et d'argent, les pierres précieuses du trésor familial, tout avait été emporté dans un sac et caché dans une grotte profonde située dans un rocher, non loin du château. Puis, devant la porte d'acier, elle avait allumé un grand feu dont les flammes s'élevaient jour et nuit. Personne n'avait jamais réussi à l'éteindre, ni avec de l'eau, ni avec du sable, et personne non plus n'avait réussi à sauter par-dessus les flammes pour atteindre la grotte.

Le seigneur avait fait annoncer récemment par tout le pays qu'il donnerait sa fille en mariage à celui qui lui rapporterait son argent et ses pierres précieuses et qu'il lui offrirait en sus le tiers du trésor retrouvé. De près et de loin, les jeunes gens vinrent tenter leur chance, car il s'agissait d'une fortune énorme, et la fille du seigneur était d'une grande beauté. Mais en

vain. Beaucoup abandonnèrent leur projet quand ils virent ce à quoi il fallait s'attaquer. D'autres osèrent se lancer par-dessus les flammes, mais ils périrent brûlés.

Les frères aînés de David se rendirent au château, mais le foyer les effraya.

«Et maintenant, moi aussi je vais tenter ma chance», dit un jour David.

«Ne te rends pas ridicule», ironisa son frère aîné. «D'autres ont essayé qui ont mal fini.»

La mère se lamenta :

«J'ai vu ce feu de mes propres yeux. Celui qui pourra le franchir n'est pas encore de ce monde. Tu ne le pourras pas non plus, mon fils, tu ne réussiras qu'à périr brûlé.»

Mais David ne se laissa pas décourager et se rendit directement devant la grotte seigneuriale. Là, il chuchota quelque chose à la bague du roi de la forêt et la pria de faire en sorte que le feu ne le brûlât point. Puis il se lança bravement à travers les flammes, sans que ses vêtements fussent même roussis. Il trouva aisément le sac, mais il était si lourd qu'il dut le porter sur ses épaules; il se lança à nouveau à travers les flammes avec lui. Cette fois encore, il ne fut point brûlé.

Portant son butin, il entra dans la cour du château et jeta son sac devant la porte, avant de s'enfuir à toutes jambes.

Mais le seigneur et ses trois filles, qui regardaient à ce moment-là par la fenêtre, le virent.

«Qui est ce vaurien et qu'a-t-il jeté devant notre porte?» s'étonna le seigneur. Aucune de ses filles ne put répondre. Mais la plus jeune songea : «C'est sans doute un pauvre homme qui vient payer ses dettes et qui est très modeste.»

Les serviteurs coururent voir de quoi il s'agissait et, après avoir ouvert le sac, ils poussèrent un cri.

«L'or! C'est l'or et l'argent du trésor seigneurial!» crièrent-ils les uns après les autres, tandis que le seigneur, en les entendant, laissait couler des larmes de joie.

Pendant ce temps, David était rentré chez lui. Il savait à présent combien était précieux l'anneau qu'il serrait dans sa bourse. Aussi songea-t-il qu'à la place de la misérable chaumière où ils vivaient, il valait mieux avoir une jolie maison, avec une table bien garnie et de beaux habits pour les membres de la famille.

Et son souhait fut réalisé sur-le-champ. La mère et les frères de David clignèrent des yeux de surprise et ne purent prononcer un seul mot. Ils pensaient qu'il s'agissait d'un rêve. Mais David ne leur parla pas de la bague, ni de la façon dont il l'avait acquise.

Tous se mirent à table pour fêter leur nouveau sort. Ils avaient un peu peur que tout cela ne s'envole en fumée...

De son côté, le seigneur ne perdit point son temps. Il envoya des serviteurs aux quatre coins du monde, afin de retrouver le jeune homme au sac. Quelque temps après, des envoyés seigneuriaux arrivèrent à la maison de la veuve. Ils reconnurent aussitôt David, malgré ses habits neufs. Alors, ils remontèrent à cheval et s'en furent au château prévenir le seigneur. Celui-ci envoya à David sa plus belle voiture attelée à quatre chevaux. David y monta et fut emmené au château.

«Bienvenue, mon fils!» s'écria le seigneur quand la voiture se fut arrêtée devant la porte du palais. Et il ordonna à ses serviteurs d'apporter un tonneau de la meilleure bière de sa cave.

«Bienvenue, David!» dirent en souriant les trois filles du seigneur. En les voyant, David pensa que la plus jeune était vraiment la plus belle créature du monde. Il chuchota à son anneau : «Que cette belle jeune fille soit amoureuse de moi!»

A partir de cet instant, la plus jeune des filles du seigneur fut en effet amoureuse de lui de tout son cœur. De toute façon, il l'avait déjà séduite quand elle l'avait aperçu pour la première fois dans la cour du château.

Bientôt, eut lieu la plus belle des noces dans le château seigneurial. Les invités mangèrent, burent, dansèrent et s'amusèrent sept jours durant, du matin au soir et du soir au matin.

Après les réjouissances, David songea qu'il serait agréable de vivre désormais dans un nouveau château. Dès que les invités furent rentrés chez eux, les jeunes époux prirent possession du plus beau palais du royaume et ils gardèrent auprès d'eux la mère de David et ses frères.

L'enchanteur Diarmuid-Barberouge

Il y a très longtemps, en Irlande, vivait un riche propriétaire qui n'avait qu'un seul fils. Depuis sa plus tendre enfance, cet enfant était très sage. On le mit donc à l'école où il étudia pendant douze ans.

Quand le garçon rentra de son école lointaine, tout lui sembla nouveau et étrange à la maison et alentour. Tout d'abord il remarqua dans la cuisine une nouvelle jeune servante. Personne ne connaissait sa famille, car elle venait d'une contrée lointaine. Elle accomplissait habilement les besognes qui lui étaient confiées et tout le monde l'aimait dans la demeure.

Dès le matin, le jeune homme se mit en devoir de visiter la propriété paternelle. Il se rendit en haut d'une colline, d'où on pouvait avoir une jolie vue sur les champs et les prés. Tout à coup, il vit auprès de lui un petit vieillard portant une très longue barbe rouge comme les flammes d'un feu. Il le salua et le vieil homme lui adressa la parole. Il lui parla de choses et d'autres et finit par lui demander s'il ne jouerait pas avec lui au moins à un jeu.

«Pourquoi pas?» répondit l'étudiant, «à l'école, nous jouons très souvent.»

Le vieillard sortit alors d'un petit sac en peau un paquet de cartes. Il dressa soudain sur la prairie une petite table de jeu dorée et des tabourets en argent et, avant que le jeune homme ne fût revenu de sa surprise, il s'assit à table et commença le jeu. Ils jouèrent tant que le soleil brilla. Quand ils eurent achevé, ils se rendirent compte que le soir tombait. Alors seulement ils firent leurs comptes et réalisèrent que le jeune homme avait gagné.

«Je vois que tu es intelligent», le félicita le vieillard. «Dis-moi ce que tu désires comme gain.»

«Je vois aussi que tu sais beaucoup de choses», répondit le jeune homme, «je veux que sur les prés de mon père paissent tant de moutons qu'on ne puisse glisser entre eux la moindre aiguille.»

«Cela aurait été plus judicieux de ta part de choisir un souhait que j'aurais pu réaliser», répondit le vieillard.

«Je sais bien que tu peux réaliser n'importe quel souhait.»

«Bien, d'accord, regarde autour de toi!» ordonna le vieil homme au garçon.

Ce dernier fit un bond de surprise. En effet, sur toute l'étendue des prairies de son père il y avait des centaines de moutons blancs comme neige. Il y en avait tant qu'on n'aurait pu glisser entre eux la moindre aiguille. Le jeune homme voulut se retourner vers le vieillard, mais il ne se trouvait plus sur le pré. Il avait disparu, ainsi que la table dorée, comme si la terre l'avait englouti. Quand le garçon regarda à nouveau vers les moutons, eux aussi avaient disparu. Il n'en restait pas un! Alors, il secoua la tête et rentra lentement chez lui. Sur le seuil, il rencontra la nouvelle jeune servante.

«Où étais-tu donc depuis si longtemps? Tout le monde t'a cherché depuis l'aube.»

Alors, il lui raconta sa rencontre avec ce curieux petit vieillard à barbe rouge et la façon dont ils avaient joué jusqu'au soir.

«Et qui a gagné?»

«Moi.»

«Et que lui as-tu demandé en gage?»

«Pas grand-chose, seulement qu'il y ait tant de moutons sur les prés de mon père qu'on ne puisse glisser entre eux la moindre aiguille.»

[63]

«Et où sont donc ces moutons?» s'étonna la servante.

«Je ne sais pas. Ils ont disparu à mes yeux, ainsi que le vieillard et sa table dorée, comme si la terre les avait engloutis.»

«Je vais te donner un conseil. Si tu le suis, tu t'en porteras mieux. Ne retourne plus ainsi dans un endroit isolé de la propriété paternelle, afin de ne plus rencontrer ce vieillard. Si tu gagnes, il ne t'arrivera rien de mal, mais si tu perds, tu auras des ennuis.»

L'étudiant songea qu'il ne s'agissait là que des propos d'une servante craintive. Aussi, le lendemain matin, se précipita-t-il de bonne heure au sommet de la colline où il avait rencontré la veille le petit vieillard à la barbe rouge.

Le vieil homme l'attendait. Les cartes et la table dorée étaient déjà installées.

«Jouerons-nous aujourd'hui?» demanda-t-il au jeune homme.

«Pourquoi pas?» répondit l'étudiant.

Ils jouèrent donc, tant que le soleil brilla. Et quand ils eurent fini, la nuit était déjà tombée. Ils firent les comptes et le jeune homme était de nouveau vainqueur.

«Je vois que tu es vraiment intelligent», le complimenta le vieil homme, «que désires-tu aujourd'hui comme gage?»

«Eh bien, je voudrais qu'aussi loin que mes yeux pourront se porter il n'y ait que bateaux dorés sur la mer.»

«Hum!» murmura le vieillard, «ne te semble-t-il pas que tu exiges beaucoup de moi? Il aurait mieux valu que tu me demandes quelque chose que je puisse réaliser.»

«Je suis convaincu que tu le peux», répondit l'étudiant, «tu réaliseras sans doute mon souhait.»

«Bien, regarde donc autour de toi!»

L'étudiant regarda du haut de la colline vers la mer et, aussi loin que son regard pouvait se porter, il ne vit pas un coin de mer, mais seulement des bateaux dorés qui dansaient devant ses yeux. Pourtant, quand il se retourna, il ne vit plus trace du vieillard ni de sa petite table. Et quand il se retourna encore vers la mer, tous les bateaux avaient disparu. Il secoua donc la tête et rentra lentement chez lui. Sur le seuil, l'attendait encore la jeune servante.

«Où étais-tu depuis si longtemps?» l'interrogea-t-elle.

«Je jouais aux cartes au sommet de la colline.»

«Qui a gagné?»

«Moi, mais je n'en ai rien retiré», avoua le garçon, et il raconta ce qui s'était encore passé.

«Et pourquoi n'as-tu donc pas exigé que les bateaux demeurent sur la mer, puisque tu t'étais déjà laissé prendre hier, avec les moutons?» demanda-t-elle.

L'étudiant ne répondit pas et se contenta de baisser la tête.

«Ne vois-tu pas que ce vieillard te conduira aux pires ennuis?» le gronda la servante. Mais le jeune homme ne prit pas garde à ces propos. Il se leva à l'aube et, quand le soleil apparut, il se trouvait en haut de la colline. Le vieillard l'y attendait déjà comme si un accord existait entre eux. Et ils jouèrent et jouèrent, sans avaler même un morceau de pain pour reprendre des forces, jusqu'au coucher du soleil. Quand la nuit fut tombée, ils firent les comptes et, cette fois, le jeune homme avait perdu.

«Dis-moi ce que tu veux de moi en gage?» demanda-t-il en regrettant de n'avoir pas suivi les conseils de la servante, car soudain, le vieillard à la barbe rouge lui faisait peur.

«Oh! Je ne veux rien qu'une chose insignifiante», fit le vieil homme en souriant. Et ce sourire glaça le garçon jusqu'aux os. «Je veux que, dans un an et un jour, tu aies trouvé la maison de Diarmuid-Barberouge au pays de Nulle-part. Comme tu es très intelligent, tu devrais la trouver. Dans le cas contraire, tu n'aurais plus un jour ni une nuit de repos. Tu ne pourrais plus t'asseoir deux fois à la même table, ni dormir deux fois dans le même lit. A présent, bonne chance!» hoqueta le vieillard en disparaissant, ainsi que sa table et ses tabourets comme si la terre l'avait englouti.

Tant bien que mal, le jeune homme retourna chez lui. La servante l'attendait toujours sur le seuil. Quand elle le vit ainsi abattu, elle le réconforta. Puis, quand il fut un peu remis de ses émotions, il lui conta ce qui était arrivé.

«J'ai perdu», avoua-t-il à la fin de son récit.

«Je savais que cela ne pouvait se terminer autrement», répondit la jeune fille. «Dis-moi ce qu'il t'a demandé comme gage.»

Le garçon le lui expliqua tandis qu'elle hochait la tête.

«Ne crains rien. Continue à bien manger et à bien dormir, tu as le temps de t'en faire d'ici un an et un jour.»

Et chaque fois que l'étudiant voulut se mettre en route pour chercher la maison de Diarmuid-Barberouge, la servante l'en empêcha en disant qu'il avait bien le temps d'ici un an et un jour. Finalement, il ne se laissa plus retenir, car il craignait les pouvoirs du vieil homme. Il cacha à ses parents le lieu de sa destination, leur disant qu'il s'ennuyait de ses camarades et qu'il s'en allait pour deux jours à la ville voisine. Ses parents acceptèrent. Sa mère lui remit un sac de nourriture et de menus cadeaux pour ses amis. Elle le bénit, et le jeune homme quitta la maison au petit matin. Quand il eut franchi la porte, il se trouva devant la jeune servante.

«Tu t'en vas, tu t'en vas, et tu ne sais même pas où!» lui reprocha-t-elle.

«Je vais aller droit devant moi, où les braves gens me conseilleront d'aller.»

«Ils n'en sauront rien, pas plus que moi», répondit la jeune fille, «je t'avais pourtant prévenu... Quand je suis partie dans le monde, mon frère m'a donné cette boule d'or. Elle me permet de toujours retourner près de lui. Peut-être que mon frère, qui est le puissant roi d'une lointaine contrée, sait quelque chose au sujet de ce Diarmuid. Cette boule d'or te conduira jusqu'à son château. Autour de ce château, il y a de hautes murailles. Une seule porte mène à l'intérieur. Dans la cour t'attendra une première épreuve. Tu lanceras la boule en l'air. Lance-la aussi haut que tu le peux dans les airs. Puis ne tarde pas. Saute par-dessus la porte fermée et rattrape la boule de l'autre côté dans tes mains. Souviens-toi que la boule d'or ne doit pas toucher le sol de la cour. Alors seulement, mon frère pourra t'aider. Bonne chance à présent, et reviens-nous sain et sauf!»

Le garçon remercia la jeune fille et partit plus joyeux dans le monde. Il poussa devant lui la boule d'or et le chemin lui parut plus court. Quand la rosée du soir tomba, quand le brouillard commença à s'élever au-dessus des ruisseaux, quand les chèvres et les vaches rentrèrent à l'étable, quand les chats allèrent se mettre en boule près du feu et quand les chiens bergers cessèrent leur besogne, le garçon arriva devant la porte que lui désignait la boule d'or : elle stationnait devant sans vouloir rouler plus avant. Le jeune homme examina les lieux et aperçut le roi derrière une fenêtre. Le vent du soir agitait sa barbe et caressait son front brûlant. Le roi regarda comment le garçon lança en l'air la boule d'or, si haut qu'elle disparaissait aux regards, puis comment il sauta d'un seul bond par-dessus la porte du château pour venir rattraper entre ses mains ouvertes la boule qui retombait.

En voyant cela, le roi appela ses gardes.

«J'habite ici depuis cent ans et je n'avais encore jamais vu quelqu'un franchir ce haut portail. Cet inconnu est le seul qui y soit parvenu. Il s'agit sans doute de quelque héros célèbre. Il va nous soumettre ou nous tuer, et régner à ma place sur mon royaume. Attrapez-le, attachez-le, puis jetez-le dans la plus sombre oubliette!» cria le souverain hors de lui.

«Attends, attends, roi généreux!» hurla notre jeune homme, «je ne suis pas venu pour usurper ta place, mais pour te transmettre le salut de ta sœur.» Et il montra la boule d'or. «C'est elle qui m'a envoyé ici. Cette boule d'or a roulé devant moi et m'a conduit jusqu'à toi.»

Le roi se calma aussitôt. Il ordonna à ses gardes d'accueillir cet hôte de marque et d'apporter près de lui la boule d'or.

Il la regarda soigneusement, puis, l'ayant reconnue, il renvoya ses gardes et accueillit lui-même le jeune visiteur. Il se réjouit d'entendre parler de sa sœur, car il n'avait eu de ses nouvelles depuis au moins cent ans.

Puis ils s'attablèrent pendant un tiers de la nuit devant des mets choisis et des boissons. L'autre tiers, ils le passèrent à écouter de la musique et à danser joyeusement. Et durant le troisième tiers, ils dormirent d'un profond sommeil. Pendant tout ce temps, trois femmes, armées de pelles, ramassèrent la cendre qui tombait de leurs pipes.

Au matin, le roi voulut savoir ce qui avait conduit le jeune homme à venir le trouver. Quand il l'eut appris, il se trémoussa, se racla la gorge et finit par avouer :

«Depuis cent ans que je règne ici, je n'ai jamais entendu parler de Diarmuid-Barberouge. Attends un peu, je vais consulter mes conseillers.»

Mais eux non plus ne savaient rien et se contentèrent de se racler la gorge sans rien dire.

«Bon», dit le roi, «j'ai un frère aîné, qui règne sur le pays voisin. La boule d'or qui t'a conduit ici te conduira aussi plus loin. Mais prends garde. La muraille qui entoure son château est encore plus haute que la mienne, et tu ne pourras parvenir devant lui qu'en sautant encore une fois le portail.»

Le jeune homme remercia pour tout et reprit sa route derrière la boule

d'or. Le soir, il atteignit le château du frère plus âgé et il franchit la très haute porte de l'enceinte. Il rattrapa la boule d'or à deux mains de l'autre côté et vint s'incliner devant le roi. Quand celui-ci sut ce qui avait amené le jeune homme à lui, il ordonna à ses gardes de le laisser en paix. Il se précipita à la porte pour accueillir le visiteur, tant il était heureux d'avoir enfin des nouvelles de sa sœur.

«Je règne ici depuis deux cents ans et, depuis tout ce temps, je n'avais entendu parler de ma sœur», soupira-t-il. Ensuite, durant le premier tiers de la nuit, ils s'attablèrent devant des mets choisis et des boissons. Pendant le deuxième tiers, ils écoutèrent de la musique et dansèrent joyeusement. Enfin, au cours du troisième tiers, ils dormirent d'un profond sommeil. Cependant, sept femmes, armées de pelles, ramassaient la cendre qui tombait de leurs pipes.

Au matin, le roi demanda au jeune homme pourquoi il était venu le trouver. Quand il entendit parler de Diarmuid-Barberouge, il hocha la tête.

«Depuis deux cents ans que je règne ici, je n'ai jamais entendu prononcer ce nom», soupira-t-il.

Quant à ses conseillers, ils ne furent pas plus avisés que ceux du roi précédent.

«Il ne te reste qu'à aller trouver notre frère aîné», dit enfin le roi. «Il règne sur tous les animaux, sur les poissons et sur les oiseaux. Lui et ses fidèles sujets sauront sans doute te conseiller. La boule d'or qui t'a conduit jusqu'ici, te conduira aussi jusqu'à lui. Mais prends garde: la muraille qui entoure son château est encore plus haute que la mienne et tu n'auras d'autre moyen de l'approcher que de sauter par-dessus le portail.»

Le jeune homme remercia pour tout et reprit sa route derrière la boule d'or. Le soir, il atteignit un immense château entouré d'énormes murailles. En le contemplant, le pauvre étudiant vit que le sommet du portail se perdait dans la brume du soir. Il prit une grande inspiration, lança la boule de toutes ses forces et bondit. Il avait peur de ne pas réussir; cependant il franchit la porte du premier saut et rattrapa la boule de l'autre côté dans ses mains. Il était temps, car le roi avait déjà appelé ses gardes.

«Je règne ici depuis trois cents ans», cria-t-il, «et je n'ai jamais vu quelqu'un franchir ce portail. Ce jeune inconnu est le premier qui ait réussi à le faire. Il s'agit sans doute de quelque héros qui va nous soumettre ou nous faire périr pour régner à ma place. Attrapez-le, enchaînez-le et jetez-le dans la plus sombre oubliette.»

«Attends, attends, roi généreux», supplia le jeune homme, «je ne suis pas venu pour régner à ta place, mais pour te transmettre le salut de ta sœur et de tes deux plus jeunes frères. Ce sont eux qui m'ont envoyé ici. Cette boule d'or a roulé devant moi et m'a conduit jusqu'à toi.»

Le roi renvoya aussitôt ses gardes. Il courut à la porte pour accueillir le visiteur, tant il était heureux d'avoir des nouvelles de sa sœur et de ses frères après tant d'années. Il fit alors dresser une table avec des mets choisis et des boissons; ils se régalèrent un bon tiers de la nuit. Le second tiers, ils le passèrent à écouter de la musique et à danser. Et durant le dernier tiers, ils dormirent d'un profond sommeil en faisant de beaux rêves. Pendant tout ce temps, neuf femmes armées de pelles, ramassèrent la cendre qui tombait de leurs pipes.

Au matin, le roi voulut savoir ce qui avait poussé son hôte à venir le trouver. Quand il entendit parler de Diarmuid-Barberouge, il se contenta de hocher la tête, tandis que notre jeune homme devenait sombre.

«Ne crains rien et ne te creuse pas la tête», fit le roi en souriant, «je règne ici depuis trois cents ans et je n'ai jamais entendu prononcer son nom. Mais cela ne veut pas dire que nous n'apprendrons rien à son sujet. Je suis le roi des animaux, des poissons et des oiseaux et je vais les convoquer afin qu'ils me disent ce qu'ils savent.»

Le souverain sortit dans la cour et sonna dans une trompe. Alors, le ciel s'obscurcit de milliers et de milliers d'ailes, l'eau se mit à frémir, agitée par des milliers de poissons, et nulle part sur terre il n'y eut plus d'espace libre, tant il y avait d'animaux. Le roi les questionna tous au sujet de Diarmuid-Barberouge. Mais aucun d'entre eux ne savait qui il était. C'est alors que la pie s'exclama :

«L'aigle! Le vieil aigle n'est pas ici! Lui, il sait sans doute quelque chose!»

Le roi sonna encore une fois dans sa trompe, mais personne ne vint, ni en courant, ni à la nage, ni en volant. Le souverain se fâcha. Il sonna cette fois si fort que ses yeux faillirent sortir de leurs orbites. Quand il eut retiré sa corne des lèvres, l'aigle était enfin au-dessus de lui.

«Pardonne-moi, sire, si je suis en retard», dit-il, «mais j'étais en train d'apporter la becquée à mes petits. Je n'ai pu m'en aller qu'après avoir fini de les nourrir.»

«Bon, bon», grogna le roi, «dis-moi où se trouve la maison de Diarmuid-Barberouge et je te pardonnerai.»

«Où peut-elle être, sinon au pays de Nulle-part, tout près de chez moi?»

«Alors, je t'ordonne d'y emmener ce jeune homme.»

«Si tu me nourris bien avant le départ, et si tu donnes à ce jeune homme assez de nourriture pour qu'il puisse me nourrir en chemin, je réussirai à voler avec lui sur le dos.»

Le roi nourrit donc copieusement l'aigle et le jeune homme. Puis il donna à l'étudiant un plein sac de poissons. Il dit adieu aux deux voyageurs et ceux-ci purent prendre leur vol. L'aigle volait aussi vite qu'un vent printanier. De temps à autre pourtant, il faiblissait. Alors, le jeune homme le nourrissait et l'aigle reprenait des forces. La provision de poissons diminua rapidement. Ils n'étaient cependant pas encore arrivés, car ils survolaient la mer immense, et le pays de Nulle-part n'était pas encore en vue.

«Nourris-moi encore, sinon nous allons sombrer dans la mer!» cria l'aigle. «Tu es lourd, je n'en puis plus!» soupira-t-il. Mais le jeune homme n'avait plus rien dans son sac. Au désespoir, il lui donna donc un morceau de sa propre jambe. L'aigle reprit des forces et atteignit une haute falaise où il se posa.

«Nous sommes enfin arrivés», dit-il, «descends de mon dos et je te montrerai où se trouve la demeure de Diarmuid.»

Le garçon descendit péniblement du dos de l'aigle, à terre.

«Que t'arrive-t-il?» demanda l'oiseau, «le voyage t'a éprouvé?»

«Ce n'est pas le voyage qui m'a éprouvé, mais ton appétit», répondit le garçon, «tu as mangé un morceau de ma jambe et j'ai du mal à marcher à présent», se plaignit-il.

«Arrache la plus longue des plumes sur mon aile gauche et pose-la sur ta jambe. Tu cesseras aussitôt de souffrir. Puis arrache une autre des plumes sur mon aile droite et tu pourras courir tout comme auparavant.»

Le garçon le remercia et oublia aussitôt sa douleur. Ensuite, l'aigle lui désigna un lac dans une vallée.

«Vois-tu ces canards sur ce lac?» demanda-t-il à notre étudiant, «il s'agit des filles de l'enchanteur Diarmuid. Deux d'entre elles sont toujours

ensemble et tourmentent la troisième. Elle est plus petite qu'elles, mais beaucoup plus habile. Elle doit faire tout à la maison et dans les environs, car sa mère, la vieille sorcière, n'aime que les deux autres qui sont plus belles et plus jeunes. Elle traite celle-ci comme si elle n'était pas sa fille. Et maintenant, regarde dans les buissons», conseilla l'aigle au jeune homme, «tu vois ces deux taches blanches, l'une petite et l'autre plus grande? La grande, ce sont les vêtements des deux plus jeunes sœurs. N'y fais pas attention. L'autre, ce sont les vêtements de la sœur aînée. Approche-t'en doucement et vole-les. Quand elle ne les trouvera plus, elle courra à ta poursuite pour te supplier de les lui rendre. Ne lui obéis pas, même si elle se lamente. Dis-lui que tu ne les lui rendras que si elle te fait la promesse de te conduire à la demeure de son père et si elle t'en fait ressortir indemne. Au début, elle ne voudra pas, puis elle cédera.»

Un instant plus tard, le jeune homme remercia l'aigle et prit congé de lui. L'aigle s'éleva dans les airs et le jeune homme se dirigea vers la vallée. Il prit dans les buissons les vêtements de la fille aînée, les mit sous son bras et tourna le dos au lac. Il ne regarda ni à droite ni à gauche et s'enfuit à grands pas. Peu de temps après, il entendit une plainte.

«Je t'en prie», suppliait une douce voix féminine, «je t'en prie, bon jeune homme, rends-moi mes vêtements. Je ne puis passer la nuit ici et, sans vêtements, je ne puis rentrer à la maison.»

Un moment, le garçon fit mine de ne pas entendre, mais la jeune fille le priait si gentiment d'avoir pitié d'elle, qu'il finit par dire qu'il remettrait les habits sur le buisson quand elle lui aurait fait la promesse de l'aider et de le protéger tant qu'il serait dans la maison de son père, puis de l'en faire sortir en toute sécurité, sans avoir à craindre les pouvoirs de l'enchanteur Diarmuid-Barberouge.

«Comment pourrais-je te promettre cela, bon jeune homme? Tu sais bien que mon père est puissant, alors que je suis faible, et qu'il sait beaucoup de choses, alors que j'en sais bien peu.»

«Promets néanmoins que tu feras tout ton possible et que tu me diras au moins ce que tu sais», insista le jeune homme.

«Je promets de t'aider, même si je dois périr avec toi», répliqua doucement la jeune fille. Alors, le garçon posa ses vêtements sur le buisson, et elle lui montra par où passait le chemin qui conduisait à la demeure de son père, Diarmuid-Barberouge. Elle lui conseilla en outre de ne pas se rendre là-bas en silence et humblement, mais de se comporter comme s'il détenait tout le savoir du monde.

«Je te remercie», dit le garçon, «mais permets-moi encore de te voir sous une autre apparence que celle d'un petit canard.»

«A quoi bon? Mes sœurs ont la beauté et ne m'ont pas laissé ma part.»

Le garçon la regarda cependant et secoua la tête:

«Pourquoi cherches-tu à me tromper?» demanda-t-il. «Tu as les yeux comme un lac de montagne et des cheveux noirs comme la terre. Tu me plais en vérité, mieux que si tu portais de l'or sur la tête et de l'orgueil au fond des yeux.»

«Va-t'en, va-t'en!» fit la fille de Diarmuid en souriant.

Le jeune homme obéit et, un instant plus tard, il atteignit la demeure de l'enchanteur. Il y pénétra aisément, car les portes étaient grandes ouvertes et la barbe du vieillard éclairait la pièce, comme s'il y avait eu un feu immense dans le poêle, alors qu'en vérité il n'y brûlait plus que deux morceaux de charbon.

«Oh! Oh!» fit Diarmuid, «je vois que tu es plus malin que je ne l'aurais cru, puisque tu m'as trouvé.»

«Penses-tu donc être la seule personne intelligente en ce monde?» répondit le garçon sur le ton que la jeune fille lui avait conseillé de prendre.

«Eh! Tu as la langue bien pendue», dit l'enchanteur en souriant, «voyons si tu vas te soumettre.»

«Ainsi, les hôtes de cette maison doivent se soumettre?» s'étonna le garçon.

Diarmuid sursauta de colère et ne répondit pas car, à l'instant même, ses trois filles étaient de retour. Deux d'entre elles étaient grandes et élancées, leurs cheveux dorés tombaient jusqu'à leurs genoux et l'orgueil se lisait dans leurs yeux. La troisième était petite et brune.

«Que dois-je offrir à notre hôte pour dîner?» demanda-t-elle à son père.

«Un peu de pain noir et de l'eau», grogna-t-il. «Il ne recevra de meilleure nourriture que lorsqu'il se sera soumis.»

La fille aînée de Diarmuid donna au jeune homme non seulement du pain noir, mais aussi de la viande, de la purée et des gâteaux, et non seulement de l'eau, mais aussi de la bière et de l'hydromel.

Quand il fut temps d'aller dormir, la jeune fille demanda à son père :
«Où dois-je dresser la couche de notre hôte?»

«Pas ailleurs que dans la soupente!» répliqua Diarmuid.

Mais, quand son père fut endormi, la jeune fille dressa pour son hôte une couche garnie d'une couverture de soie et d'un édredon en duvet de cygne. Il y dormit comme dans un nuage et il dormait encore quand elle vint le réveiller au matin.

«Cours vite t'installer dans la soupente», lui ordonna-t-elle, «mon père va se lever et te donner une lourde tâche. Mais ne crains rien, je viendrai t'aider ce soir.»

Un instant plus tard, Diarmuid faisait irruption dans la chambre du jeune homme.

«Eh! Lève-toi, fainéant! Tu ne mangeras pas mon pain pour rien. Dépêche-toi de te mettre au travail!»

Il conduisit son hôte à l'étable. Là, il lui mit en main une fourche à une seule dent et lui ordonna d'enlever tout le foin de l'étable et de retrouver une aiguille que son arrière-grand-mère sorcière avait perdue là sept cents ans auparavant.

«Si tu ne l'as pas retrouvée ce soir», menaça-t-il, «tu seras raccourci d'une tête!»

Notre étudiant soupira, car il n'avait aucun espoir de mener à bien cette tâche. Il prit un peu de foin avec sa fourche et le jeta hors de l'étable. Mais, quand il se retourna, il y avait deux fois plus de fumier dans l'étable qu'auparavant. Le soir, il y en eut un tas bien plus gros que le matin. Qui aurait réussi, dans ces conditions, à y trouver une aiguille perdue il y a sept cents ans? Quand le soleil déclina à l'ouest, le jeune homme avait le cœur bien lourd...

Alors, la fille aînée de Diarmuid se glissa sans bruit dans l'étable. Elle saisit la fourche et, en trois mouvements, elle jeta tout le fumier hors de l'étable. Elle versa de l'eau propre sur le plancher et enfin trouva l'aiguille de son arrière-grand-mère. Elle la remit au jeune homme qui ne sut comment la remercier.

«C'était bien facile», dit-elle, «mais une autre épreuve plus difficile t'attend. Quant à cette aiguille, montre-la à mon père, mais ne la lui donne pas lorsqu'il te la réclamera!»

Le jeune homme retourna donc à la maison pour faire face à l'enchanteur. Dans le poêle ne brûlaient que deux morceaux de charbon, mais la barbe de Diarmuid rougeoyait comme un feu vivant, si bien qu'il n'eut pas besoin de lumière pour apercevoir l'aiguille de son arrière-grand-mère. Il se rembrunit comme un orage.

«Tu as trouvé l'aiguille?» cria-t-il.

«Bien sûr que je l'ai trouvée», affirma le jeune homme.

«Bon, donne-la-moi», fit-il en tendant la main.

«Elle est à moi, puisque je l'ai trouvée en faisant le travail que tu m'as imposé.»

Diarmuid se rembrunit encore davantage.

«Eh! Tu as toujours la langue bien pendue! On va voir si tu vas te soumettre.»

Et il ordonna qu'on donnât au garçon du pain noir et de l'eau, et qu'on lui installât un lit dans la soupente. La fille aînée cependant restaura le jeune homme et lui fit un lit avec des couvertures de soie. Il dormit comme dans un nuage jusqu'au matin où la jeune fille le réveilla.

«Lève-toi, mon père va arriver! Il va t'envoyer pour vider le lac de son eau, afin de retrouver la bague de mon arrière-grand-mère. Mais ne crains rien, je t'aiderai encore», promit-elle.

Et tout se passa comme elle l'avait dit. Le jeune homme ne possédait qu'un seau percé pour vider le lac de son eau et trouver la bague que l'arrière-grand-mère de l'enchanteur avait perdue il y avait mille sept cents ans. Diarmuid l'avait menacé de le raccourcir d'une tête s'il ne rapportait pas l'anneau le soir.

Avec ce seau percé, le pauvre garçon n'aurait pas réussi à emplir une seule cruche avec l'eau du lac. Alors il s'assit sur la berge, espérant que son amie viendrait encore l'aider. Quand le soleil déclina à l'ouest, il commençait à désespérer, mais il entendit soudain une voix calme :

«Ne crains rien, je suis là, comme je te l'ai promis.»

Elle n'eut besoin de se servir du seau que de deux fois pour vider tout le lac de son eau. Sur le fond asséché brillait l'anneau d'or.

«Prends-le et garde-le bien. Ne le donne pas à mon père et comporte-toi en face de lui comme si tu étais plus intelligent que lui», conseilla-t-elle.

Diarmuid s'immobilisa de surprise quand il vit la bague au doigt du garçon.

«Je constate que tu sais faire de grandes choses. Donne-moi donc la bague de mon arrière-grand-mère!»

«Si tu voulais l'avoir, il fallait la retrouver toi-même», trancha le jeune homme, «c'est moi qui l'ai retirée du fond du lac, elle m'appartient donc.»

«Je vois que tu me nargues encore!» s'exclama l'enchanteur en bondissant de son banc pour aller se coucher sans dîner.

L'étudiant se régala de ce que la jeune fille lui avait préparé sur la table. Puis il alla dormir dans les couvertures de soie jusqu'au petit matin.

«Lève-toi, lève-toi!» cria la jeune fille pour le réveiller. «Aujourd'hui, mon père ne va te donner aucun travail, mais il va t'ordonner ce soir de lui raconter trois histoires. Il les voudra toutes plus intéressantes les unes que les autres et elles devront être assez longues pour qu'il ne puisse s'endormir de la nuit. De plus, il se bouchera les oreilles; si tu ne parles pas assez fort, il s'endormira et, au matin, tu seras raccourci d'une tête. Alors, fais comme ceci : quand mon père sera couché dans sa chambre obscure, appuie sur le loquet d'acier de la porte, pose un balai dans un coin et suspends un chaudron au-dessus du foyer. Ensuite, ordonne-leur à tous les trois de se mettre à parler. Pendant ce temps, glisse-toi dehors et ouvre la porte de l'étable. Appelle mon petit cheval tout sellé. Monte dessus. J'y serai moi aussi et nous nous enfuirons tous les deux. Peut-être réussirons-nous à nous échapper, sinon nous périrons ensemble.»

Le jeune homme n'avait aucune envie de mourir en compagnie de la fille de Diarmuid. Mais il l'écouta. Il se souvint qu'elle lui avait conseillé de lever le loquet de la porte, de mettre un balai dans un coin et de suspendre un chaudron dans la cheminée. C'est ce qu'il fit. Puis il leur ordonna à tous trois de se mettre à parler à sa place. Et il s'éclipsa. Il poussa la porte de l'étable. Le petit cheval tout sellé l'attendait. Il bondit dessus. Sa fiancée était déjà là. Ils s'enfuirent ensemble... Le petit cheval semblait voler. C'est à peine si ses sabots touchaient terre. Il allait plus vite que le vent du soir et les emmena très loin. Mais, bien qu'il fût très rapide, leurs ennuis n'étaient pas finis.

La femme de Diarmuid, qui était une sorcière, tout comme lui était sorcier, rentra chez elle après un long voyage. Quand elle entra dans la maison, elle entendit son mari ronfler tandis que le balai, le chaudron et le loquet criaient dans la chambre close.

«Qu'est-ce que tout ce bruit?» s'étonna-t-elle.

«On nous a ordonné de raconter des histoires, alors nous en racontons chacun à notre tour», dit le loquet d'acier de la porte.

«Hé! Réveille-toi! Que fais-tu là?» fit la sorcière en secouant son époux.

Quand Diarmuid eut retrouvé ses esprits, il comprit aussitôt ce qui s'était passé.

«Tout cela ne serait pas arrivé si notre fille aînée ne s'était enfuie avec cet Irlandais!» cria-t-il. Et il se lança avec son épouse à la poursuite des jeunes gens. Mais, au matin, ils ne les avaient pas encore trouvés. De son côté, la jeune fille pressentait que les choses n'allaient pas être si aisées. Aussi demanda-t-elle au jeune homme de vérifier si on ne les poursuivait pas.

«Je ne vois personne, hormis deux vautours qui semblent voler derrière nous.»

«Vite, petit cheval, plus vite! Ils vont nous rattraper!» lança la jeune fille à sa monture, tandis que le bruit d'ailes se rapprochait.

«As-tu l'aiguille que je t'ai donnée?» demanda-t-elle au jeune homme.

«Je l'ai», confirma-t-il.

«Jette-la vite derrière toi.»

Le garçon obéit et soudain, derrière eux, poussa une haute forêt d'acier qui s'éleva jusqu'aux nuages. Les vautours ne purent la survoler et durent se poser. Diarmuid dit alors à sa femme :

«Retourne à la maison et rapporte-moi un grand marteau, j'en ai un près de mon lit.»

Diarmuid se reposa un moment, puis il entendit à nouveau un bruit d'ailes.

«Quoi? Tu n'es pas encore partie?» demanda-t-il.

«Mais si, et je reviens déjà avec le marteau!» grinça la sorcière.

«Hé! Merci, ma femme!» la complimenta-t-il, puis il souleva le lourd marteau et le lança contre les arbres d'acier. Partout où il passait, l'instrument abattait des arbres, si bien que les vautours purent poursuivre leur vol.

Un instant plus tard, la fille de Diarmuid demanda encore à son ami de regarder si personne ne les suivait.

«Je vois les vautours se rapprocher!» cria-t-il.

«Tu as bien la bague de mon arrière-grand-mère? Celle que nous avons trouvée au fond du lac?» demanda la jeune fille.

«Je l'ai.»

«Bien», répliqua-t-elle, «enlève-la de ton doigt et jette-la le plus loin que tu peux.»

Notre héros obéit, jeta la bague derrière lui et aussitôt, s'étendit derrière eux une mer immense, si immense que les vautours ne pouvaient la traverser.

«Vite, va chercher ma coupe de bois. Elle est à côté de mon lit», ordonna Diarmuid à sa femme.

Un instant plus tard, il entendit un bruissement d'ailes.

«Tu n'es pas encore partie?» demanda-t-il.

«Mais si, je reviens avec la coupe!» grinça la sorcière.

«Hé! Merci, ma femme!» la complimenta Diarmuid. Il prit la coupe et se mit à vider la mer de son eau. Au bout d'un moment, il rejeta la coupe : «Nous nous épuisons vainement, chère épouse», affirma-t-il, «notre fille

a beaucoup appris à notre contact. Elle est devenue plus habile que nous. Quoi que nous fassions, nous ne les rattraperons pas.»

Mais la sorcière ne voulait pas s'avouer battue. Elle monta haut dans les airs et lança à sa fille un mauvais sort :

«Quand vous serez arrivés, ton bien-aimé t'oubliera comme tu nous as oubliés!»

Le jeune homme et sa compagne purent enfin continuer leur route. Le soir, ils arrivèrent à la maison natale du garçon.

«Je t'attendrai ici», dit la jeune fille quand ils furent au sommet de la colline. «Retourne chez toi et dis à ta famille qui tu as ramené. Mais tant que tu ne m'auras pas appelée, ne donne la main à personne et n'embrasse personne, car tu risquerais de m'oublier!»

Le jeune homme ne voyait pas très bien pourquoi il laisserait son amie en haut de la colline, et il lui assura qu'il viendrait la chercher bientôt.

Comme il passait la porte de chez lui, son chien bondit vers lui, lui fit fête, lui lécha le visage, tant il était heureux de revoir son jeune maître. Alors, notre héros oublia les recommandations de son amie. Il donna la main à tout le monde, il embrassa sa mère et se réjouit d'être de retour, oubliant jusqu'à l'existence de la fille de Diarmuid. La pauvre jeune fille l'attendit en vain. Quand elle se rendit compte qu'il ne reviendrait pas la chercher, ses larmes coulèrent et elle se dirigea vers le village pour tenter de trouver un endroit pour dormir. Comme elle redoutait de parler à des gens qu'elle ne connaissait pas, elle abandonna son cheval dans une prairie et grimpa dans un arbre, au-dessus d'une source, pour y passer la nuit. Sur ces entrefaites, la vieille femme du forgeron vint puiser de l'eau à la source. En se penchant sur l'eau, elle vit à la surface un jeune et charmant visage.

«Hé! Comme je suis belle! Je n'en savais rien!» s'étonna-t-elle. Et elle abandonna aussitôt la cruche près de la fontaine pour s'en aller en courant à la ville. Elle pensait qu'elle était si belle qu'il était dommage de perdre son temps à la forge du village.

Quand il ne vit pas revenir son épouse, le forgeron envoya sa fille aînée la chercher à la source. Lorsque celle-ci aperçut aussi un beau visage à la surface de l'eau, elle se hâta de courir à la ville pour s'amuser, car elle pensait qu'il était dommage de gâcher sa beauté à la forge. Quand il ne la vit pas rentrer non plus, le vieux forgeron se rendit lui-même à la fontaine. Il s'y pencha pour puiser de l'eau et aperçut à la surface un beau visage de jeune fille.

«Hé!» s'écria-t-il, «je sais à présent pourquoi ma femme et ma fille ne sont pas revenues. Descends de cet arbre, fillette, ne crains rien, personne ne te fera de mal.»

C'est ainsi que la fille de Diarmuid entra au service du forgeron. Elle s'occupa de la maison, cuisina, prit soin de la propriété et rendit des services ici et là. Elle trouvait même le moyen de se rendre utile à la forge. C'est pourquoi, le forgeron aurait bien aimé qu'elle ne le quittât jamais.

Peu de temps après, on raconta dans le pays que le jeune homme de la riche ferme voisine allait se marier avec sa jeune servante. Personne ne connaissait la famille de la fiancée, car elle venait d'un pays lointain. Mais elle était si habile à la tâche et si aimable avec tous que tout le monde l'aimait. Les jeunes gens invitèrent à la noce les pauvres et les riches, les jeunes et les vieux de partout alentour. Ils invitèrent aussi le forgeron et sa nouvelle servante. Le soir avant le mariage, ceux-ci arrivèrent ensemble. Il y avait dans la maison autant de monde qu'en ville un jour de marché. Dans la cour, on faisait rôtir des porcelets et des agneaux. Tout autour, les femmes passaient, portant des pains et des gâteaux. La fille de Diarmuid, en les voyant faire, demanda la permission de se joindre à elles.

La nouvelle servante la lui accorda bien volontiers, car elle ne savait plus où donner de la tête. Alors, la jeune fille se mit au travail et confectionna un gâteau si beau que la servante l'apporta aussitôt dans la pièce où se tenaient les messieurs savants venus des écoles du pays.

«Que ce gâteau est bon!» s'exclamèrent-ils, «qui l'a donc fait?»

«Moi», répondit aussitôt la nouvelle servante.

«Ne mens pas», se fâchèrent-ils, «personne n'a jamais su faire un gâteau pareil dans toute l'Irlande.»

Alors, la servante avoua bon gré mal gré que cette pâtisserie avait été confectionnée par la jeune fille qui servait chez le forgeron.

«Fais-la donc venir ici!» dirent les messieurs savants.

La fille de Diarmuid promit qu'elle allait se présenter devant eux, mais elle voulut d'abord aller se laver et s'habiller de son mieux. Quand elle eut fini, il n'y eut pas de plus belle femme à l'intérieur de la maison. Elle avait les cheveux aussi noirs que la terre et les yeux comme l'eau d'un lac. Lorsqu'elle entra dans la pièce, tous les messieurs se levèrent et l'invitèrent à s'asseoir à la table d'honneur. Les messieurs causèrent, mangèrent, burent et s'amusèrent, et la jeune fille demanda si cela se passait toujours ainsi dans les mariages.

«Bien sûr», affirmèrent-ils, «est-ce que cela se passe différemment ailleurs?»

«Au pays de Nulle-part, d'où je viens, on joue à différents jeux dans les mariages et l'on ordonne à l'un des personnages de la noce d'amuser les autres grâce à quelque chose d'inhabituel.»

«Et avec quoi te proposes-tu de nous amuser?» questionnèrent-ils.

«Bien, puisque vous le désirez, je vais m'exécuter, mais cela doit se faire en présence des fiancés.»

Les messieurs appelèrent donc les fiancés et la jeune fille tira d'un petit sac une petite poule d'or et d'un autre sac un petit coq d'argent. Toute l'assistance demeura bouche bée quand elle déposa les animaux sur la table. Puis elle se mit à chanter une joyeuse petite chanson, d'une façon que personne n'avait entendue jusque-là. Et le petit coq et la petite poule se mirent à danser sur la table. Quand ils eurent achevé leur danse, la jeune fille leur jeta trois grains de blé. Le coquelet en picora deux, et il n'en resta plus qu'un pour la poulette.

«Hé! Vilain petit coq!» se fâcha la poulette, «tu ne serais pas si effronté si tu étais encore dans la demeure de mon père. Pour t'avoir aidé à ôter le fumier de l'étable et à trouver l'aiguille, tu pourrais au moins me laisser deux grains. Mais tu m'as bien vite oubliée!»

Les jeunes et les vieux entourèrent la table, car la jeune fille s'était remise à chanter et le coquelet et la poulette à danser. En récompense, la jeune fille leur lança de nouveau trois grains de blé. Le coquelet en picora encore deux.

«Hé! Vilain petit coq!» lui reprocha la poulette, «tu ne serais pas si effronté si tu étais encore dans la demeure de mon père. Tu pourrais m'être reconnaissant, alors que j'ai accompli pour toi la tâche de vider l'eau du lac avec un seau percé pour retrouver l'anneau d'or qui était au fond, comme te l'avait ordonné mon père. Mais tu m'as bien vite oubliée!»

Tout le monde se mit à rire, sauf le fiancé. Il lui semblait avoir déjà vu cette belle jeune fille quelque part et avoir déjà entendu sa jolie voix. Mais il ne parvenait pas à se souvenir où et quand.

Tandis que la jeune fille contemplait les fiancés d'un regard triste, elle continuait à chanter une chanson joyeuse, sur laquelle dansaient le petit coq et la petite poule. Lorsqu'ils eurent bien dansé, elle leur donna trois grains de blé. Alors, le petit coq se précipita et picora deux grains, n'en laissant qu'un pour la poulette.

«Hé! Vilain petit coq!» recommença à gronder la poulette, «tu n'étais pas si effronté, lorsque tu étais encore dans la demeure de mon père! Tu pourrais au moins me laisser deux grains pour t'avoir conseillé de faire raconter des histoires à mon père par le balai, le chaudron et le loquet, afin de sauver ta tête. Mais tu m'as bien vite oubliée, n'est-ce pas?»

Alors, le jeune homme tourna le dos à sa fiancée pour se précipiter vers la jeune fille et l'embrasser.

«Je te reconnais à présent, mon amie! Le sortilège s'est évanoui et plus jamais je ne t'oublierai!»

Une vive rumeur parcourut la noce. Quand elle se fut apaisée, le jeune homme raconta toute son histoire du début à la fin. Alors plus personne, même les plus avisés, ne sut plus avec qui il devait se marier. Certains disaient : «Il doit prendre la jeune servante pour épouse. Elle l'a envoyé vers ses frères qui l'ont aidé à trouver la maison de Diarmuid-Barberouge. S'il ne l'avait pas trouvée, il n'aurait plus eu un instant de repos, il n'aurait plus pu s'asseoir deux fois à la même table. Il ne serait plus qu'un pauvre hère sans maison.»

«Mais non!» disaient les autres, «il doit épouser la seconde jeune fille.

Elle l'a aidé à s'enfuir de cette demeure et l'a tiré de son embarras. Si la fille de Diarmuid ne l'avait pas secouru, il aurait perdu la vie. C'est elle qui l'a servi le plus fidèlement sans jamais l'abandonner. En échange, il ne doit plus l'abandonner non plus.»

Alors, eut lieu la plus belle des noces. La fille de l'enchanteur Diarmuid épousa le jeune homme irlandais. Ils vécurent ensuite très heureux et eurent une nombreuse descendance.

A moi seul, il incomba une lourde tâche. Ils me donnèrent des souliers cirés et m'envoyèrent droit ici pour vous raconter leur histoire.

Les trois frères meuniers

Un meunier avait trois fils, trois solides garçons. Ils apprirent le métier de leur père, mais il n'y avait pas beaucoup de travail au moulin, si bien que le meunier ne fut guère surpris quand son fils aîné lui dit un jour:

«Père, nous aimerions partir tous les trois dans le monde à l'aventure. Si tu le permets, nous te procurerons tout ce qui te sera nécessaire dans la maison, nous réparerons ici et là le moulin et nous partirons ensuite où nous conduiront nos pas.»

«Bien, mes fils. J'aurais préféré que l'un d'entre vous restât avec moi, mais puisque vous en avez décidé ainsi, je ne vous ferai pas obstacle.»

Les jeunes gens accomplirent tout ce qu'ils avaient promis à leur père. Puis un matin, ils lui dirent adieu. Ils prirent leur sac sur leurs épaules et quittèrent le moulin. Ils marchèrent, marchèrent sur le sentier au bord du ruisseau, jusqu'à ce qu'ils aient atteint la croisée des chemins. Là, ils s'arrêtèrent pour regarder autour d'eux et décider de la direction qu'ils allaient prendre.

«Il vaudrait mieux nous séparer», dit l'aîné, «mais promettons-nous auparavant de nous retrouver ici même dans trois ans.»

L'aîné se dirigea alors vers la ville la plus proche. En suivant la rivière, il atteignit un moulin et demanda si on y cherchait de l'aide.

«Des mains habiles sont toujours bienvenues», répondit le meunier.

Alors, l'aîné revêtit le tablier de meunier et jeta un sac de grains sur son épaule.

Pendant ce temps, le cadet prenait le chemin d'un village entouré d'une haute clôture. Derrière cette clôture, s'étendait un jardin, à perte de vue, et au centre de ce jardin se dressait un castel comme il n'avait jamais osé en rêver. Non loin de la clôture, un jardinier fauchait l'herbe. Le fils du meunier lui dit bonjour et lui demanda s'il cherchait de l'aide.

«Des mains habiles sont toujours bienvenues», répondit le vieux jardinier.

Alors, le jeune homme saisit la faux et, quand le soleil disparut à l'horizon, la moitié du jardin était fauchée. C'était un vrai plaisir pour les yeux.

Pendant ce temps, le plus jeune des frères poursuivait son chemin. Il marcha, marcha et, à la nuit tombée, il n'était encore arrivé nulle part. Par bonheur, il aperçut une petite lueur au lointain.

«Voilà qui est bien», se dit-il, «je trouverai là de quoi passer la nuit et, au matin, je pourrai poursuivre ma route là où mes pas me conduiront.»

La lueur le guida vers une vaste ferme isolée.

«Bonsoir, fermier!» s'écria le jeune homme. «Je vous prie de bien vouloir me permettre de passer la nuit ici, car je me rends assez loin.»

«Tu peux dormir dans la grange. Il nous reste un morceau de pain et tu peux prendre de l'eau à la fontaine», répondit le fermier, allongé sur son banc près du feu. «Nous sommes malades, ne nous approche pas, car nous sommes contagieux», fit-il en soufflant entre chaque mot.

Malgré l'obscurité, le jeune homme put se rendre compte que la ferme était grande mais déserte, la porte de l'étable ouverte, la paille de la grange en désordre... Il alla donc chercher de l'eau. Puis il s'endormit. Au matin, il se leva, mit de l'ordre dans la cour, remit la porte de l'étable en place sur ses gonds et apporta du foin et de l'eau aux deux misérables vaches qui se trouvaient dans l'étable. Quand il eut fini, la fermière sortit de la maison appuyée sur un bâton.

«Je te remercie, mon garçon, de nous avoir aidés dans notre infortune. Nous sommes allés de malchance en malchance. Tout d'abord, nous avons perdu sept belles vaches. Des vaches pareilles, personne n'en possédait par ici. Au village, en bas de la colline, ils n'en avaient pas et ils comptaient sur nous pour leur fournir du lait. Nous étions tous en bonne santé et hardis à l'ouvrage. A présent, la mort est sur nos lèvres. Bientôt, nous n'aurons plus personne à pleurer quand la maladie aura emporté notre fille unique. Autrefois, elle fleurissait comme une rose. Maintenant, elle est desséchée, comme si le gel l'avait brûlée. Le froid la fait trembler et la fièvre lui brûle le front», se plaignit la fermière.

Le jeune homme soupira sans rien dire. Il enfila ses gants et se remit au travail. Il nettoya l'étable, répara la fontaine, mit la bride aux pauvres vaches et les conduisit au pré pour qu'elles puissent paître. Enfin, il sortit le reste de son morceau de pain de sa poche. Il allait y mordre dedans quand il entendit une voix, faible comme une brise :

«Brave homme, aie pitié d'une pauvre vieille. Ne me laisse pas dépérir de faim. Je n'ai rien eu à me mettre sous la dent depuis bientôt quatre jours.»

Yann, c'est ainsi que s'appelait le plus jeune fils du meunier, se retourna et aperçut à côté d'un arbre une vieille mendiante maigre comme un rameau de tremble. Il lui offrit son morceau de pain et, — ô surprise! — à la place de la mendiante, une fée blonde se tint auprès du jeune homme.

«Ne crains rien, Yann, je vois que tu es un brave garçon. Si tu m'écoutes en tout, la chance te sourira. Je sais où se trouvent les sept vaches qui se sont égarées hors de la ferme. Quand tu les auras ramenées, la vie reprendra dans cette propriété, le fermier, la fermière et leur fille, douce comme du miel et belle comme une fleur, recouvreront la santé. Tout sera comme avant que la nymphe ne se fâche contre eux. Elle voulait que la jeune fille épousât son fils, le dragon des eaux, mais elle a refusé.»

Ensuite, la fée conseilla à Yann de prendre une massue à la ferme et d'attendre, au coucher du soleil, la nymphe des eaux près de la rivière. Elle viendrait sans doute bavarder avec lui et l'envoûter de telle façon qu'il soit entraîné dans un grand tourbillon.

«Ne te laisse pas séduire!» lui recommanda-t-elle. «Prends garde à elle et pousse-la toi-même dans le ruisseau. Alors, elle perdra son pouvoir contre toi et t'obéira en tout. Ordonne-lui alors de te montrer le chemin de la demeure de son fils le dragon. C'est lui qui a volé les vaches dans le pâturage. Quand tu seras proche de son repaire, tu avanceras prudemment et tu attendras le moment où tu ne l'entendras plus souffler. Alors, tu saisiras ta massue à deux mains et tu l'assommeras. Tu te dépêcheras de ramener les vaches à la maison et tu verras toi-même ce que tes yeux n'ont encore jamais vu. Fais comme je te l'ai dit, Yann, et bonne chance!»

Sur ces dernières paroles, la fée s'évanouit au regard du jeune homme comme si elle n'était jamais venue.

Yann craignait que cela ne tourne mal, mais il alla pourtant chercher la massue. Il la mit sur son épaule et alla attendre au bord du ruisseau. Soudain, une voix l'appela. Elle était douce comme du miel.

«Hé! Jeune homme, il est dommage que tu demeures ici à contempler l'eau en vain alors que la fortune t'attend à trois pas d'ici. Regarde tout l'or qui repose au fond de la rivière», suggéra la nymphe. Yann regarda au fond de l'eau en prenant bien garde qu'elle ne le poussât point. Mais elle faillit l'attraper, et s'il n'avait fait un bond elle l'aurait fait tomber. Alors, il l'agrippa et la jeta à l'eau. Un instant plus tard, elle reparut à la surface et lui demanda :

«Que désires-tu de moi?»

«Où est ton fils? Où trouverai-je cet affreux dragon?» lui cria-t-il.

«Comment le saurais-je?» protesta-t-elle, mais finalement elle lui montra à contrecœur le sentier qui conduisait au repaire du dragon. Yann l'emprunta et marcha longtemps entre les pierres et les ronces avant d'apercevoir enfin la sombre entrée de la grotte du dragon. Il entendit de loin le souffle du monstre, comme une tempête grondant du haut des falaises. Alors, saisissant sa massue à deux mains, il la brandit au-dessus de sa tête et se lança à l'assaut du dragon comme un frelon. Il eut vraiment fort à faire pour accomplir son exploit, bien que le dragon fût endormi. Puis il se dépêcha de faire sortir les sept belles vaches de la grotte. Elles avaient le cuir si luisant qu'elles illuminaient la route comme une lanterne. Le troupeau se dirigea tout droit vers la ferme. Là, tout était devenu méconnaissable. La maison et la cour étaient propres, balayées, blanchies. Devant la porte, le fermier accueillit Yann comme s'il s'agissait de son fils bien-aimé. Il ne savait comment le remercier ni comment le récompenser. La fermière pleurait de joie et la belle jeune fille qui se tenait auprès d'elle avait un visage rayonnant quand elle le regardait. Yann réalisa qu'il n'avait jamais vu de fille aussi charmante de toute sa vie.

Alors, du village voisin, les gens vinrent chercher du lait. Il y en eut assez pour tout le monde et l'allégresse se répandit alentour.

Quelque temps plus tard, chacun se réjouit de bon cœur lorsque Yann épousa la fille du fermier et devint le maître de la propriété. La misère et la souffrance disparurent du pays et tout le monde eut de quoi vivre.

Trois années s'écoulèrent et le jour approcha où les trois frères devaient se retrouver à la croisée des chemins. Yann se dépêcha d'y aller et vit de

loin que ses frères l'attendaient déjà à l'endroit convenu. Les trois frères s'embrassèrent, se serrèrent et se donnèrent des tapes dans le dos. Puis ils se racontèrent ce qui leur était arrivé depuis leur séparation. L'aîné tira de sa poche une bourse de cuir. Il la soupesa et la secoua. A l'intérieur, les pièces d'or tintèrent comme des clochettes.

«Nous pourrons réparer le moulin, acheter le nécessaire et tout sera bien pour nous à l'avenir», affirma-t-il.

Le cadet ne se laissa pas impressionner et fit tinter à son tour des pièces d'argent.

«Et toi?» demandèrent-ils au benjamin avec un peu de fierté, comme il ne montrait pas à son tour une bourse pleine. «As-tu de quoi te féliciter?»

Alors, le plus jeune des frères tourna les yeux vers la colline. Là, une voiture était arrêtée, dans laquelle attendait une belle jeune femme, rayonnante comme un soleil de printemps. Autour d'elle, un troupeau paissait. Il s'agissait de vaches comme les deux autres frères n'en avaient encore jamais vues.

Quand ils eurent entendu comment leur benjamin était parvenu à cette richesse, ils ne purent en croire leurs oreilles et ne cessèrent de le questionner.

Alors, ils décidèrent de ne plus se séparer. Ils firent venir leur père et se rendirent tous à la ferme de Yann. Là, ils travaillèrent ensemble à la terre et au moulin, car ils avaient fait l'acquisition d'un moulin neuf, et ils vécurent si bien qu'ils ne se baignèrent plus que dans du bon vin rouge et ne s'essuyèrent plus qu'avec du bon pain blanc.

Les fruits du jardin de Vleago

Il était une fois un roi d'Irlande qui avait trois fils. Mais qu'est-ce qu'un royaume quand la vie ne vous apporte pas de joie et qu'une pénible maladie vous tourmente? Des médecins des quatre coins du monde tenaient conseil à son chevet et essayaient sur lui des remèdes venus d'un peu partout, mais rien ne semblait devoir alléger son mal. Un jour cependant, un vieux savant arriva au château et affirma que rien ne guérirait le roi, hormis les fruits du jardin de Vleago, qu'il lui suffirait de manger à trois repas, car il n'existait pas de meilleur remède au monde. Néanmoins, le vieux savant ne put en dire davantage, et personne n'avait la moindre idée de l'endroit où il fallait aller pour trouver ces fruits.

Les fils du roi étaient à présent presque des hommes. Le souverain les fit donc appeler et leur dit :

«Mes fils, j'ai entendu dire qu'il n'existait pas d'autre remède à mon mal que de me nourrir par trois fois des fruits du jardin de Vleago. Mais per-

sonne ne peut me dire où se trouve ce jardin. Personne ne sait rien à son sujet si ce n'est qu'il y pousse des fruits miraculeux qui n'ont pas leurs pareils au monde. Aussi, mes enfants chéris, je vous demande de me venir en aide. Si ma vie a pour vous quelque prix, prenez les meilleurs chevaux de mon écurie, de l'or, de l'argent et tout ce dont vous aurez besoin, et partez de par le monde à la recherche de ce jardin de Vleago. Rapportez-moi assez de fruits pour que je puisse m'en nourrir par trois fois. Partez au plus tôt, et je souhaite de tout cœur que vous soyez de retour d'ici un an et un jour.»

Le lendemain, les trois fils prirent donc congé de leur père et de leur mère et se mirent en route pour le vaste monde. Ils accomplirent un bon bout de chemin ensemble, car ils savaient que personne alentour ne saurait les conseiller sur la direction à prendre. Après un long voyage, ils atteignirent enfin une croisée de chemins. Ils décidèrent donc de se séparer. Mais auparavant, ils se firent la promesse de se retrouver là au retour, afin de rentrer ensemble dans le délai convenu au château royal.

Le plus âgé des princes s'en alla à droite, car il lui semblait apercevoir une ville au lointain où il pourrait s'informer au sujet du jardin de Vleago.

Le cadet s'en alla à gauche, car il lui sembla apercevoir au lointain des champs et des jardins. Il ne resta plus au benjamin qu'à continuer le chemin qui menait tout droit, entre les gorges d'une étroite et longue vallée où il ne pouvait rien voir ni à droite, ni à gauche, ni même devant lui. Il se contenta donc d'avancer et d'avancer encore jusqu'à ce que la route le menât au bord d'un ruisseau. Il longea la berge et finit par arriver au pied d'une colline, sur laquelle il aperçut une maison isolée. Sur le seuil, se tenait un géant aussi grand qu'une montagne. Le plus jeune des princes le salua aimablement et lui demanda la permission de passer la nuit chez lui.

«Entre donc, mon fils, je prendrai volontiers soin de toi.»

Le géant mena le cheval du prince à l'écurie, il le couvrit et lui donna à boire et à manger. Puis il invita son hôte à sa table bien garnie. Il n'y manquait rien, ni viande d'agneau, ni pain, ni fromage. Le géant offrit même du vin au prince fatigué par le voyage. Mais il ne le versa pas dans une corne, seulement dans un gobelet. Le prince s'étonna que, dans un tel isolement, le géant disposât de tout ce dont on pouvait jouir à la cour d'un roi. Seule, une corne à vin faisait défaut. Néanmoins, il but au gobelet avec satisfaction et se restaura de bon cœur. Puis il s'endormit jusqu'au lendemain matin comme un bienheureux.

Au lever du jour, il s'apprêta à partir et demanda au géant s'il savait où se trouvait le jardin de Vleago.

«Vleago? Hum! Je n'ai jamais entendu parler de cet endroit et pourtant, j'ai parcouru une bonne partie du monde. Mais ne t'inquiète pas, rien n'est perdu. D'ici ce soir, tu arriveras chez mon frère, tu y passeras la nuit et peut-être saura-t-il te renseigner.»

Le prince remercia le géant et se mit aussitôt en route. Il suivit le ruisseau et, peu avant le soir, il arriva au pied d'une colline où se trouvait une maison isolée. Sur le seuil, se tenait un géant plus grand qu'une montagne. Lui aussi l'accueillit aimablement et le traita bien. Il ne manquait rien à sa table, sauf le couteau pour couper le fromage. Au matin, le prince demanda au géant s'il savait où se trouvait le jardin de Vleago.

«Vleago? Vleago? Hum! Je suis pourtant assez vieux et j'ai parcouru une bonne partie du monde, mais je n'ai jamais entendu parler de Vleago.»

Le jeune prince baissa la tête.

«Relève le front, fils, rien n'est perdu! Continue à suivre le ruisseau et le soir, tu arriveras chez mon frère aîné. Il connaît le monde entier et de surcroît les oiseaux et les poissons lui obéissent. S'il sait quelque chose au sujet de Vleago, il te le dira sûrement. S'il ne sait rien, il appellera tous les oiseaux et les poissons et les interrogera sur cet endroit.»

Le jeune prince remercia pour tout et se remit en route. Il ne mit pas très longtemps à trouver la maison du troisième géant. Cette fois, il ne s'étonna plus de la façon fastueuse dont il le reçut, mais il fut tout de même surpris qu'il n'y eût, sur cette table richement servie, pas la moindre croûte de fromage. A l'aurore, il se leva, remercia pour tout et demanda anxieusement au géant s'il savait où se trouvait le jardin de Vleago.

«Hum! Je suis pourtant bien vieux et j'ai parcouru le monde en tous sens, mais je ne me souviens pas avoir entendu prononcer ce nom-là. Mais ne te désole pas», ajouta-t-il en voyant le jeune prince s'attrister, «je vais appeler mes fidèles sujets les oiseaux et les poissons car ils savent sûrement quelque chose.»

Il souffla dans une flûte et tous les poissons du large arrivèrent :

«Qui d'entre vous sait quelque chose au sujet du jardin de Vleago?»

[95]

Les poissons se turent car aucun d'entre eux n'avait entendu parler de cet endroit.

«Ne t'inquiète pas», tenta de le rassurer le géant, «je vais appeler tous les oiseaux du ciel.» Il souffla deux fois dans sa flûte et un énorme bruissement s'éleva au-dessus de sa tête, comme une averse soudaine. C'étaient les oiseaux qui arrivaient en volant. Le géant demanda alors à chacun d'entre eux, du plus petit au plus grand, s'il connaissait le jardin de Vleago. Mais tous répondirent qu'ils n'avaient jamais entendu parler de cet endroit.

«Mais où est le vieux corbeau?» demanda soudain le géant avec sévérité. Il regarda autour de lui, mais personne ne put lui dire pourquoi le corbeau n'était pas là. Alors, il souffla une troisième fois dans sa flûte. Bientôt, on entendit un bruissement d'ailes, comme celui d'un aigle, et le vieux corbeau se posa à sa place restée vide.

«Sais-tu où se trouve le jardin de Vleago?» lui demanda le géant.

«Oui, je le sais», affirma le corbeau. «Il se trouve très loin, au-delà des terres et des mers. Mais je ne sais pas ce qu'il y pousse, car des soldats armés jusqu'aux dents le gardent et ne laissent entrer personne. Mais je sais que ces soldats sombrent tous les sept ans, à midi précis, dans un profond sommeil. Demain, justement, s'achèvent ces sept ans.»

«Bien», le remercia le géant. «Et maintenant, écoute! Tu vas transporter ce garçon jusqu'à ce jardin. Tant que tu voleras, tu ne mangeras pas une bouchée, tu ne boiras pas une gorgée et tu n'auras pas un instant pour dormir. Quand tu seras arrivé là-bas, tu attendras que ce jeune homme revienne à toi. Tu le remporteras sur le chemin du retour et le déposeras devant ma maison.»

Le prince remercia le géant et s'installa sur le dos du corbeau comme sur une monture. Alors, le corbeau déplia ses ailes et s'envola dans le vent. Ils survolèrent bien des terres et des mers qu'éclairaient la lumière du soleil ou celle de la lune. Il était presque midi quand le corbeau s'arrêta enfin au-dessus du jardin.

«Nous y sommes», dit-il, «dépêche-toi, mon garçon, si tu tiens à la vie. Ouvre la porte, précipite-toi dans le jardin, prends-y ce dont tu as besoin et reviens vite vers moi. Si tu ne reviens pas assez vite, nous sommes tous deux perdus.»

Le prince aperçut des géants endormis et des gardes armés jusqu'aux

dents. Ils gisaient sur le sol, comme pétrifiés par un charme et ils ronflaient à qui mieux mieux. Vite, il se précipita dans le jardin et emplit un foulard de pommes rouges cueillies à un grand pommier.

Il avait l'impression de n'en avoir jamais vu d'aussi belles. Son cœur bondissait de joie dans sa poitrine. Il se rua vers la porte, mais c'est alors qu'il aperçut une maison dont la porte était entrouverte. Il entra et regarda à l'intérieur. Là, il vit une grande table et dessus, une corne à vin, un couteau à fromage, et une énorme boule de fromage. Il pensa aux géants qui en étaient privés et il emplit un deuxième foulard avec ces objets. Puis il poussa la porte suivante. Là, dans un grand hamac, dormait profondément une belle jeune fille. Le prince en eut le souffle coupé. Alors, il écrivit une lettre disant qu'un prince était venu prendre quelques pommes dans ce jardin, afin de secourir son père malade, et qu'il avait pris en souvenir la ceinture dorée de la jeune fille, la corne à vin, le couteau et même la boule de fromage. Il laissa la lettre sur la table, cacha sous sa chemise la ceinture de la jeune fille et courut vers le corbeau. Il bondit sur son dos et bientôt, tous deux s'envolèrent à nouveau dans le vent.

«Regarde!» ordonna le corbeau au prince. En bas, dans le jardin, les gardes sortaient de leur profond sommeil. Ils bondirent sur leurs jambes et ragèrent en jurant et en pestant d'avoir laissé s'échapper les voleurs de pommes.

Le corbeau vola encore plus haut. Il survola les mers et les terres sans se reposer un instant, jusqu'à ce qu'il fût arrivé devant la maison de son maître. Le prince passa de nouveau la nuit chez le géant, et au matin, il laissa à son hôte la boule de fromage. Il remercia une fois encore de tout cœur, puis il remonta sur son cheval reposé et s'en alla au galop. Le soir, il atteignit la demeure du second géant. Il s'y restaura et s'y reposa avec plaisir. Quand le soleil brilla au matin au-dessus de la profonde vallée, le jeune prince déposa le couteau à fromage sur la table. Puis il remonta sur son cheval et s'en alla. Dans la maison du troisième géant, il laissa une grande corne à vin et partit rejoindre l'endroit où il devait retrouver ses frères.

Quand il fut parvenu à l'entrée de la vallée, il ne vit pas ses frères. Alors, il attacha sa monture à un arbre et s'allongea dans l'herbe, la tête posée sur le foulard où se trouvaient les pommes. Et il s'endormit. Peu de temps après, ses deux frères arrivèrent. Mais lui dormait encore. Il ne sentit rien quand ils retirèrent le foulard de dessous sa tête.

«Ouh!» crièrent les frères d'une seule voix, «voilà des pommes bien différentes de celles que nous connaissons.»

Cela ne leur disait rien de bon que leur benjamin eût réussi là où ils avaient échoué.

«A présent, notre père va le préférer», dit l'aîné avec fureur, «tu vas voir, il va commander tout le monde et nous n'aurons plus qu'à lui obéir.»

Cette perspective ne séduisait pas non plus le frère cadet, aussi décidèrent-ils de se partager les beaux fruits et de mettre les leurs dans le foulard de leur petit frère. Ce dernier ne s'éveilla point et ils en profitèrent pour l'abandonner et retourner au château.

Quand ils furent arrivés, le fils aîné se présenta devant son père et déplia devant lui le foulard contenant ses pommes. Le vieux roi n'eut pas plutôt mordu dans la première qu'il retrouva des forces. Quand il eut mangé les pommes de son fils cadet, il était totalement en parfaite santé.

«Et toi, m'as-tu rapporté des pommes?» demanda-t-il au plus jeune quand il fut de retour.

«J'en ai rapporté», affirma le garçon en dépliant son foulard.

Tout le monde sursauta en voyant le tas de fruits verts et véreux qu'il osait présenter.

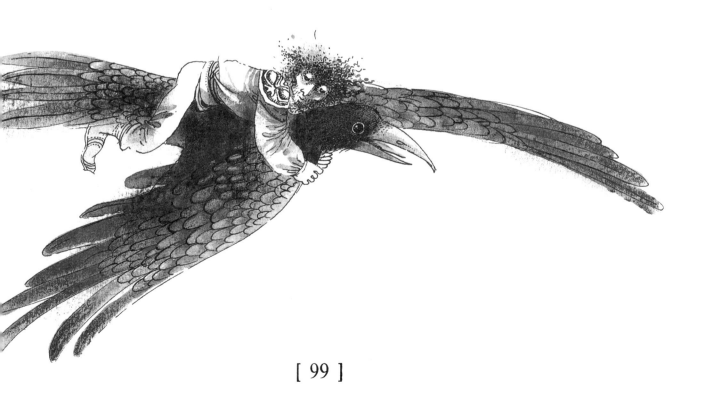

«Bah! Qu'as-tu donc rapporté là!» s'exclama l'aîné des princes. «Ces fruits sont tout juste bons à tuer notre père. Il vaut mieux les jeter dans l'auge à cochons.» Et il ordonna aux serviteurs de faire ce qu'il venait de dire.

Un instant plus tard, on entendit un cri dans la cour. Les cochons avaient mangé les fruits et, à présent, leurs pattes flageolaient, et ils tombaient morts les uns après les autres.

Alors, le roi se fâcha comme on ne l'avait encore jamais vu. Il ne prit pas le temps de réfléchir, fit appeler le chef de la garde et lui ordonna de conduire le jeune prince dans la montagne et de l'y perdre.

Le chef de la garde ne fut pas très heureux de devoir accomplir cet ordre car il aimait le jeune homme. Il supplia donc le roi d'attendre au moins le matin. Mais la colère est mauvaise conseillère et Dieu seul sait quel rapport réel elle avait avec les fruits.

«Si tu ne m'obéis pas immédiatement, tu auras à le regretter!» cria le roi à son capitaine.

«Tu risques de le regretter aussi amèrement!» répliqua le capitaine de la garde.

Finalement, il se résigna à aller dans la montagne et il conduisit le plus jeune des princes sur le sentier le plus reculé.

«Je ne crains pas la mort», déclara le jeune prince, «je la regarderai en face, mais ce qui me tourmente, c'est que mon père et mes proches me prennent pour un gredin. Pourtant, c'est l'exacte vérité : j'ai empli un foulard des fruits les plus beaux du jardin de Vleago et je suis rentré avec eux à la maison. Je ne sais qui les a remplacés par des fruits pourris, mais je te jure que tout ce que je te dis là est authentique.»

Sur ces entrefaites, un sanglier surgit des fourrés et se rua sur le capitaine des gardes. Il faillit l'atteindre de ses défenses, mais le prince bondit au secours de l'homme.

«Je te remercie, tu m'as sauvé la vie», dit le capitaine de la garde au jeune prince, quand il fut remis de son émotion. «Je te crois sincère, et je vais t'aider à mon tour à te protéger, à condition que tu m'écoutes bien. Cache-toi dans le fourré le plus épais et ne te montre à personne. Ote ta chemise. Nous allons la tacher avec le sang du sanglier. Je l'apporterai ainsi au roi. Ne te soucie de rien, je suis sûr que tout cela finira bien.»

Au matin, le capitaine de la garde se présenta devant le roi avec la chemise sanglante.

«J'ai peur que tu ne sois cause de la mort de ton plus jeune fils», dit-il, «tu le regretteras sans doute amèrement.»

«Cela ne te regarde pas!» trancha le roi avec colère.

Une année et un jour s'écoulèrent après cet incident. Alors seulement, le charme qui tenait la jeune reine prisonnière dans le jardin se dissipa. Un puissant magicien l'avait autrefois ensorcelée et elle gisait depuis comme morte, dans la posture où l'avait découverte le jeune prince. Ce n'est qu'après ce long délai d'un an et un jour qu'elle s'était enfin réveillée aussi belle qu'auparavant et enfin libre.

Quand elle découvrit la lettre sur la table et quand elle en eut pris connaissance, elle décida de se rendre en Irlande, afin de rechercher son sauveur. En chemin, elle s'arrêta chez ses trois frères géants, afin de les délivrer eux aussi de leur sortilège. Quand elle les eut touchés, ils retrouvèrent leur apparence d'autrefois et redevinrent de beaux jeunes princes.

Ensemble, ils pleurèrent de joie, s'embrassèrent et se réjouirent. La jeune reine dit :

«Allons vite en Irlande à la recherche du jeune prince qui nous a délivrés en venant cueillir les fruits du jardin de Vleago. J'ai le pressentiment qu'il lui est arrivé quelque chose de mal. Sans doute a-t-il besoin de notre aide.»

La reine et ses trois frères montèrent alors sur des chevaux rapides et se hâtèrent vers le royaume d'Irlande. Portant de somptueux cadeaux, ils se présentèrent devant le roi. Ils s'inclinèrent devant lui et, l'aîné des anciens géants parla en leur nom à tous :

«Roi d'Irlande, ton fils est venu chercher des pommes dans le jardin de Vleago et il nous a délivrés ainsi que notre pays. Nous sommes là pour le remercier.»

Le souverain fit appeler son fils aîné qui affirma aussitôt que c'était lui qui avait rapporté les fruits du jardin de Vleago.

«Je te remercie, gentil prince», fit la reine en souriant, «à présent, je te prie de nous raconter ce que tu as vu de tes yeux dans ce jardin.»

Le prince se rendit compte que les choses tournaient mal pour lui. Mais il fit un effort de réflexion et se mit à mentir. A chacun de ses mots, la reine s'assombrissait. Finalement, elle l'interrompit :

«Je vois bien que tu es un imposteur! Tu ne serais même pas capable de garder les moutons de ton père!»

Honteux, le prince se retira et son frère vint prendre aussitôt sa place. Il s'efforça à son tour de mentir. Mais la reine se fâcha aussi contre lui :

«Hors de ma vue!» cria-t-elle, «tu es aussi un imposteur, et tu ne serais pas capable de garder les cochons de ton père!»

Le roi d'Irlande aurait voulu rentrer sous terre, tant il était honteux. Il ne savait plus que penser, quand la reine se retourna contre lui :

«Si dans trois jours mon sauveur ne vient à moi, notre armée déclarera la guerre au royaume d'Irlande. Elle le brûlera, comme un repaire de brigands et tuera tous les hommes vivants. Nous sommes si nombreux que nous submergerons ton royaume comme une mer déchaînée.»

Désespéré, le roi ne savait plus que faire. La nouvelle de la menace qui pesait sur le royaume se répandit comme un incendie. Le capitaine de la garde en prit connaissance et se présenta devant le roi.

«Mon roi, ne t'ai-je pas dit que tu avais injustement puni ton fils benjamin et que tu le regretterais amèrement? Mais il n'est plus temps de se lamenter. Par bonheur, je n'ai pas obéi à ton ordre que j'avais trouvé injuste. Je n'ai pas tué ton fils, car il m'avait sauvé la vie. Il est sain et sauf et vit dans les bois, loin du château. D'ici trois jours, je peux le ramener.»

«Va, et reviens vite!» s'écria le roi.

Deux jours plus tard, le capitaine de la garde trouvait le jeune prince, caché dans les bois, loin du château de son père. Il le ramena chez lui par le chemin le plus court. Après qu'il eût pris un bain, ses serviteurs le vêtirent de ses plus beaux habits. Puis il se présenta le troisième jour devant la reine du jardin de Vleago.

«C'est bien toi qui est allé cueillir les fruits dans mon jardin?» lui demanda-t-elle en souriant.

«Oui, pardonne-moi», répondit-il, «mais j'en avais besoin pour soigner mon père.»

«Tu as bien fait», affirma-t-elle, «raconte-moi ce que tu y as vu et ce que tu y as fait.»

Le jeune prince raconta toute l'histoire depuis le début : comment il était arrivé dans une étroite et profonde vallée, comment trois géants l'avaient successivement hébergé, comment le troisième avait appelé un corbeau qui l'avait transporté jusqu'au jardin. Il raconta tout, y compris sa surprise quand, à la place des beaux fruits de Vleago, il avait trouvé dans son foulard des fruits pourris.

«Mais je détiens encore un souvenir de Vleago», ajouta-t-il en montrant la ceinture dorée qu'il avait prise à la reine endormie.

«Elle est à moi!» s'écria-t-elle, ne sachant comment montrer sa reconnaissance à son sauveur.

Un instant plus tard, trois princes inconnus se présentèrent devant le jeune homme et le remercièrent aussi de les avoir délivrés.

«Tu ne nous connais pas sous cette apparence», lui dit l'aîné, «nous sommes les trois géants qui t'ont aidé à trouver ton chemin. Nous pensions bien que tu étais un homme bon. Tu n'as rien manifesté lorsque tu as remarqué qu'il manquait chez nous la corne à vin, le couteau et le fromage, mais tu t'es souvenu de nous quand tu as été dans le jardin de Vleago.»

«A présent, viens», dit la reine, «nous allons trouver ton père pour lui dire que son royaume n'a plus rien à craindre de nous, car tu es notre sauveur. Quand ta mère t'embrassera, prie-la d'accepter l'anneau que je te donne. Lorsqu'elle l'aura pris, commande à l'anneau de serrer son doigt tant qu'elle n'aura pas dit qui sont tes frères. Ne crains rien, cela ne la blessera pas et tu feras la lumière sur la vérité.»

Le prince écouta ce conseil et, lorsque sa mère eut mis l'anneau à son doigt, il s'écria :

«Anneau, serre-lui le doigt tant qu'elle n'aura pas dit qui sont mes frères.»

La reine mère se mit à pleurer et finit, bon gré mal gré, par raconter devant son époux ce qui s'était passé autrefois.

«Pardonne-moi, mon cher mari, d'avoir causé notre malheur, mais je n'ai fait cela que pour te protéger. Souviens-toi de la naissance de notre premier enfant. Tu guerroyais à ce moment-là au lointain. J'ai mis un fils au monde et il est mort au bout de trois jours. J'en ai perdu l'esprit de chagrin. Alors, j'ai pensé t'épargner une telle épreuve. Je me suis souvenue que la femme de notre aide-berger avait eu, la veille, un robuste garçon. J'ai envoyé une fidèle servante lui proposer de l'or et de l'argent pour qu'elle me donne son fils et fasse passer le petit prince mort pour le sien. Au début, elle ne voulut rien entendre, puis elle songea que son fils aurait une vie plus agréable au château et, malgré sa réticence, elle finit par céder l'enfant à ma servante. Ainsi, le fils de l'aide-berger vécut-il comme un prince. Deux ans plus tard, je mis au monde un autre fils, qui mourut lui aussi. La nuit suivante, j'échangeai à nouveau l'enfant mort contre un autre, en bonne santé. La femme du porcher venait précisément de mettre un fils au monde… C'est ainsi que le fils du porcher vécut comme un prince au château. Deux ans plus tard, j'eus un troisième enfant, notre benjamin. C'est le seul qui vécut et je te jure qu'il est bien de toi et de moi.»

Une fois encore, le roi aurait préféré entrer sous terre. Il bondit, hors de lui, et décrocha son épée. Seules, les paroles apaisantes de son fils retinrent son bras.

«Père, je t'en prie, ne punis pas sans jugement les innocents et les coupables.»

«Bien», admit le roi, «écoutez donc mon jugement. Chassez ces deux vauriens hors de mon royaume à coups de fouet. S'ils osent y revenir, je les ferai jeter aux sangliers. Gardes, saisissez-vous de la reine et emmenez-la en prison. Préparez un bûcher et brûlez-la à l'aurore. Que la reine expie dans la douleur, la honte et le désespoir, le mensonge qu'elle a commis.»

«Ne fais pas cela, père», protesta de nouveau le prince, «il s'agit de ma propre mère. Pardonne-lui de t'avoir menti. Elle ne l'a fait que pour t'épargner une grande peine. Elle a déjà cent fois payé pour sa faute. Oublie le mal, maintenant que le bien triomphe.»

Bon gré mal gré, le roi se laissa attendrir par la vision du souverain sage et ferme que serait plus tard son fils.

Alors, tout le monde put se réjouir. Le prince irlandais épousa la reine de Vleago qu'il avait délivrée. Les frères de la jeune femme trouvèrent aussi des épouses en ce pays et tous vécurent dans la paix et le bonheur tant que la mort les épargna.

Le gouffre de Gowan

Il y a de cela bien des années, une terrible sécheresse sévit en ce pays, à tel point que le soleil brûla la terre. Les prés et les monts brûnirent comme une peau vieillie, tandis qu'un vent se mettait à souffler, soulevant la poussière à leur surface, comme sur les chemins quand passent des files de charrettes. Toute verdure avait disparu, les gens se lamentaient avec désespoir, les animaux dépérissaient de faim et de soif, car il ne restait plus dans les ruisseaux et les fontaines que quelques gouttes d'eau.

Deux mois durant on attendit en vain que la pluie arrosât le sol brûlé. Beaucoup de vaches et de moutons périrent et bien des paysans furent ruinés. Il ne leur resta rien d'autre à faire que de prendre le bâton de mendiant. Les elfes voulurent aider les pauvres gens comme ils le pouvaient et ils leur cédèrent leurs calmes prairies et leurs clairières dans les montagnes pour en faire des propriétés, mais cela ne suffit pas. Pas étonnant, car les pâturages sur lesquels les elfes s'amusaient du printemps à l'automne sans en abîmer l'herbe tendre furent dévastés en une demi-journée par les vaches et les moutons affamés et les elfes n'eurent plus qu'à se lamenter en chœur avec les autres gens des villages.

«Que va-t-il nous arriver?» se plaignirent-ils, «il faudra au moins un an pour que ce désert reverdisse.» Alors, ils décidèrent, dans leur infortune, de se mettre au service de ce peuple qui ne leur avait jamais fait de mal, mais les avait au contraire toujours respectés et les avait aidés quand le besoin s'en était fait sentir.

L'être le plus gentil du pays était le paysan Sandy. Il était si bon que, bien qu'il ne possédât pas grand-chose, il aidait les gens de tout son cœur. On ne voyait jamais un mendiant sortir de chez lui les mains et l'estomac vides.

Néanmoins, la misère finit aussi par l'atteindre quand elle frappa les deux vaches qui constituaient les ressources de la famille.

La femme et les enfants de Sandy en pleurèrent de désespoir, puis ils s'endormirent. Mais le paysan, lui, ne put fermer l'œil. Il demeura assis près du poêle jusqu'à minuit, regardant les charbons ardents et secouant la tête en cherchant le moyen de préserver sa famille de la faim. Tout à coup, il sursauta en entendant un bruit curieux.

«Qu'est-ce que c'est? Qui est-ce?» grommela-t-il. Alors, un sac tomba dans la cheminée et roula sur le plancher. Sandy l'ouvrit et, déposée sur un monceau d'or, il aperçut une lettre. Il l'ouvrit aussi et put lire : «Ce que tu as fait pour nous, nous le ferons pour toi! Prends cet or et achète-toi des vaches!»

Sandy ne put croire à sa chance. Néanmoins, il sortit de chez lui avant l'aurore, traversa les montagnes et s'en alla jusqu'à Kinross pour acheter deux belles vaches à un riche paysan. Il les ramena chez lui mais là, un souci l'assaillit, comment allait-il les nourrir et les désaltérer?

La fermière et les enfants bondirent de joie et se comportèrent devant les vaches comme devant des hôtes de marque. Ils arrangèrent pour elles l'étable et apportèrent le foin qui leur restait dans l'auge, ainsi que l'eau qu'ils avaient gardée pour eux-mêmes. Ils se disaient : «Il vaut mieux que nous ayons soif plutôt que de voir à nouveau périr nos vaches qui sont toute notre subsistance.»

Pendant ce temps-là, le paysan cherchait ici et là dans les prés et sur les collines s'il ne restait pas une parcelle d'herbe fraîche. C'est alors qu'il entendit une voix venant d'un buisson d'épines :

«Conduis tes vaches dans le gouffre de Gowan!»

Le paysan secoua la tête avec incrédulité, mais il entendit de nouveau cette même voix :

«Ne te fais pas en vain de soucis, mène tes vaches aujourd'hui même au gouffre de Gowan!»

Cela étonna fort notre paysan, car tout le monde savait au pays qu'il ne poussait que ronces, bardanes et épines dans ce gouffre. Même les chèvres n'y seraient pas allées brouter, encore moins des vaches! Cet étrange conseil ne fit cependant pas sourire Sandy. Il avait peur de fâcher les elfes qui l'avaient aidé. Aussi retourna-t-il chez lui. Il mit la bride à ses deux vaches et les mena là où on le lui avait ordonné.

«Aujourd'hui, mes vaches ont eu assez de foin et d'eau», se dit-il, «cela n'a pas grande importance si elles ne trouvent rien de plus. Peut-être aurai-je une autre idée demain matin.»

Il se dirigea vers le gouffre et s'y arrêta tout au bord. Il écarquilla les yeux de surprise et tressaillit de joie en voyant qu'il n'y poussait pas la moindre ronce ni la moindre épine. C'était comme si quelqu'un les eût arrachées une à une. Au fond du ravin, s'étendait un épais tapis d'herbe grasse et, d'un rocher, jaillissait une source d'eau claire comme des larmes.

Il conduisit les vaches vers cette pâture, but à la source et s'allongea dans l'herbe pour s'y reposer, heureux et content.

Cette bonne pâture attendait encore les vaches de Sandy le lendemain, et le jour suivant. Chaque matin, le gouffre de Gowan était aussi frais que s'il y avait plu durant la nuit. Les deux vaches donnèrent tant de lait que la fermière pouvait chaque jour emplir tous les récipients qu'elle possédait. Toute la famille put en boire, ainsi que les enfants du voisinage. Leurs petits ventres cessèrent de gargouiller, et il restait encore assez de lait pour faire du beurre et du fromage. Ce beurre était si bon que les messieurs de la ville n'en voulaient plus d'autre.

Mais au bout d'un moment, les voisins de Sandy se mirent à envier sa chance. Bien qu'il leur vînt en aide, ils se conduisirent à son égard comme des ennemis.

«Sandy, la misère nous ronge, la sécheresse persiste et toi, tu vis comme un prince et tu récoltes pièce d'or sur pièce d'or. Sache que demain, nous irons aussi faire paître nos vaches dans le gouffre de Gowan!»

Le paysan les considéra l'un après l'autre.

«Soyez censés, mes amis, deux vaches peuvent seulement paître convenablement dans cet endroit», dit-il avec calme.

Mais les voisins ne voulurent rien savoir et, le lendemain, tous conduisirent leurs vaches au gouffre de Gowan. Il y eut soudain là plus de vaches qu'au marché. Au grand étonnement de tous, les vaches de Sandy continuèrent à paître comme si de rien n'était, alors que les autres n'arrivaient pas à découvrir le moindre brin d'herbe, ni à avaler la moindre gorgée

d'eau. Et quand les paysans les ramenèrent chez eux, ils n'en purent tirer la moindre goutte de lait.

Par bonheur, un orage mit fin cette nuit-là à la sécheresse et la pluie arrosa la terre durant deux mois entiers. Le pays reverdit lentement. Les gens reprirent vie et retournèrent à leurs besognes. Ils se conduisirent à nouveau bien avec Sandy.

Ainsi, jour après jour, Sandy vécut-il de mieux en mieux. Quand il eut vieilli, il établit bien sa famille et ses conseils furent écoutés par tous dans les environs, et pas seulement par ses plus proches voisins. Et dans le gouffre de Gowan, il resta depuis ce jour-là, même au cours des années les plus sèches, une bonne herbe bien verte et bien fraîche.

Le prince sincère

Autrefois, il y a très longtemps, en Galice, gouvernait un roi très puissant. Sous son règne, le pays vécut en paix, les artisans travaillèrent consciencieusement, les marchands firent honnêtement leur commerce, les soldats gardèrent les frontières, et le roi eût vécu heureux si un tourment ne l'avait rongé. Pour oublier ses soucis, il se rendait parfois, seul, dans la montagne. Mais quand il y vit comment les oiseaux volaient vers leur nid pour y retrouver leurs petits, comment la vieille ourse jouait avec les oursons et comment la jument galopait avec ses poulains dans les pâturages, il

se creusa la tête en se demandant ce que deviendrait le royaume quand il l'aurait laissé sans descendance. Pas étonnant que, dans cet état d'esprit, il perdît son chemin et s'égarât dans la montagne. Il arriva bientôt à une source et y prit quelque repos.

«Je vais au moins pouvoir me désaltérer et me reposer un peu avant de songer au moyen de sortir de cette montagne!» se dit-il.

Mais la source était encombrée de feuilles sèches et de boue. Elle coulait néanmoins entre les roches. Le roi entra dans l'eau. Il enleva les feuilles, souleva le rocher en le plaçant de telle façon que le vent ne puisse le renverser, puis il nettoya la source et répara le goulet de pierre par lequel elle jaillissait. Cette tâche achevée, il s'allongea dans l'herbe et s'y reposa.

Il n'eut pas plus tôt fermé les yeux qu'il entendit une voix tendre venant de l'arbre le plus proche :

«Je te remercie, gentil roi, d'avoir nettoyé notre source. En échange, mes sœurs et moi exaucerons ton souhait, si tu nous dis ce que tu désires le plus.»

Un peu effrayé, le roi se retourna et il vit une nymphe appuyée contre l'arbre.

«Rien», soupira le roi, «bien que je respecte infiniment les maîtres des eaux. Tu sais que je ne souhaite rien d'autre qu'avoir une descendance à laquelle je pourrais confier le royaume au moment de mourir.»

«Ne t'inquiète pas pour cela», répondit la fée. «Cet été, tu auras un fils», promit-elle en s'évanouissant silencieusement dans le vent.

Quand l'été arriva, torride et brûlant la terre, des hôtes de tous les coins du monde furent conviés au château royal pour admirer le premier fils du roi. La reine elle-même le posa dans les bras de son père et tous deux pleurèrent de joie en souriant à travers leurs larmes à leur fils.

Le soir, quand les convives eurent déserté les tables pour aller dormir et quand la reine fut plongée dans un profond sommeil, les trois fées de la fontaine se penchèrent au-dessus du berceau doré.

«Quel don allons-nous lui offrir?» se demandèrent-elles au-dessus de la tête du petit enfant endormi.

«Nous lui avons déjà donné la beauté, alors donnons-lui la santé et l'intelligence», décidèrent-elles. Mais l'aînée des nymphes ajouta un instant plus tard :

«Afin qu'il ne méprise personne, à cause de sa beauté, de sa santé et de son intelligence, il vaut mieux que des oreilles d'âne gâchent un peu son harmonie.»

Ainsi en fut-il. Le prince poussa comme une plante au bord d'une rivière. Il était sain et il n'existait pas alentour de garçon plus intelligent. Mais ses parents déploraient que, jour après jour, ses oreilles s'allongent comme celles d'un âne. Alors, le vieux roi décida de l'adresser à son plus habile valet afin qu'il le coiffe et lui coupe même les cheveux de façon à disposer sur sa tête une large couronne qui puisse lui cacher élégamment les oreilles. Personne, hormis le roi, la reine et le valet, n'avait le droit de toucher à la tête du prince. Le valet reçut un salaire royal. Néanmoins, le roi le menaça sévèrement : «Si jamais quelqu'un de par le monde apprend par toi quelque chose au sujet des oreilles du prince, je te livre au bourreau. Tu chercheras en vain un refuge. Même si tu étais capable de voler au-delà des nuages, je te retrouverais, car tu aurais trahi un secret d'Etat.»

Pendant de longues années, le serviteur se conforma à l'ordre du roi. Le sac de pièces d'or lui importait plus que de bavarder à droite ou à gauche. Aussi, que ce fût en semaine ou les jours de fête, il prenait soin du fils du roi comme de la prunelle de ses yeux.

Quand le prince eut grandi, il n'exista pas au monde un homme, proche ou étranger, qui ne louât sa sagesse, son habileté, sa bonté et sa beauté. Le valet ne pouvait s'empêcher de sourire en secret quand il entendait de charmantes jeunes filles chuchoter que le prince était aussi beau qu'une image.

Petit à petit, le secret du prince commença à peser lourdement sur la conscience du serviteur. Il craignait de se trahir en hurlant dans son sommeil, au point d'en faire trembler les murailles du château : «Le prince a des oreilles d'âne!»

Un jour il se rendit dans le jardin, afin d'y réfléchir un peu seul. Il ne savait comment faire pour éviter le danger qui le menaçait en permanence. Il se mit à suivre un petit ruisseau, et sortit du jardin. Puis il marcha où ses pas le menaient. Finalement, il atteignit une baie calme où, parmi les saules, poussaient des roseaux. Pas la moindre présence humaine, ni le moindre bruit en dehors du murmure lointain des oiseaux. Le valet s'allongea à terre et s'endormit profondément, comme noyé.

C'est alors qu'il eut un songe étrange. Une jeune et belle femme venait à lui, se penchait vers sa tête et lui chuchotait à l'oreille :

«Creuse un fossé dans la terre meuble, lance dedans ton secret à voix basse, remplis à nouveau le fossé de terre, plante en surface un tapis d'herbe et tes paroles demeureront enfouies. Personne ne pourra les apprendre et la terre ne te trahira pas!»

Le valet bondit de joie et, un instant plus tard, il chuchotait au bord d'un fossé creusé près de la rivière :

«Notre prince a des oreilles d'âne! Notre prince a des oreilles d'âne! Notre prince a des oreilles d'âne!»

Alors, il se sentit plus léger, comme si on lui avait ôté une pierre pesant sur sa poitrine. Il remplit le fossé de terre et planta en surface, en sifflotant, un épais tapis d'herbe. Puis il retourna chez lui.

Par malheur, au milieu de l'herbe qu'il avait semée, se trouvaient de jeunes pousses de roseau. Elles crûrent rapidement et grandirent en vigueur, si bien que lorsque trois bergers vinrent se promener au bord du ruisseau avec leur troupeau, ils les remarquèrent et les coupèrent pour se confectionner des flûtes. Ils s'y prirent si bien que le lendemain, quand ils rame-

nèrent leur troupeau, ils purent déjà se servir de leurs instruments. Mais, horreur! Trois voix s'élevèrent des flûtes en chantant cette chansonnette :

«Notre prince a des oreilles d'âne!»

Les bergers ne surent que penser d'un aussi étrange refrain. Alors, ils cachèrent leurs flûtes dans les manches de leur manteau. Mais la renommée de la chansonnette se répandit comme le vent aux alentours. Le roi ne tarda pas à l'apprendre. Il ne prit pas le temps de réfléchir et ordonna à ses gardes :

«Amenez-moi ces bergers et leurs flûtes, ainsi que le serviteur de mon fils et le bourreau!»

On alla chercher les bergers à coups de fouet pour les mener devant le roi.

«Jouez-moi la chanson que vous avez jouée ce matin!»

Les bergers tremblaient comme des feuilles, mais comme ils n'avaient pas de recours, ils tirèrent leurs flûtes de leurs manches et, à peine les eurent-ils portées à leur bouche, qu'elles se mirent à chanter :

«Notre prince a des oreilles d'âne!»

A demi mort de peur, le serviteur tomba à genoux pour jurer sur ce qu'il avait de plus cher qu'il n'avait pas trahi le secret du prince.

Hors de lui, le souverain ne se laissa pas convaincre de son innocence.

«Qu'on emmène ce menteur et qu'on lui inflige la peine qu'il mérite!» cria-t-il au bourreau.

A ces mots, le prince bondit et ôta la couronne qui cachait ses oreilles. Puis il s'inclina à son tour devant le roi.

«Non, mon père, non, je t'en prie!» s'écria-t-il, «je te prie à genoux de me pardonner de braver ta volonté, mais ne punis personne injustement! Qu'est-ce que cela peut faire que j'aie des oreilles d'âne? Cela a le mérite de me rappeler que je ne dois jamais parler ou agir bêtement comme cet animal borné!»

Personne dans le château ne détacha son regard du prince, car personne à part lui ne pouvait voir l'aînée des nymphes qui se tenait à présent dans l'encadrement de la porte. Elle s'adressa à lui avec une voix claire comme de l'eau de source :

«Tu as bien agi, mon prince, en défendant la vérité contre la colère du roi. Tu es sage et avisé, tu ne connais pas la vanité et c'est pourquoi nous allons enlever les oreilles d'âne qui t'affligent inutilement.»

Alors, quand le prince secoua la tête, il put montrer à tous qu'il avait des oreilles comme tout un chacun.

Quelle joie soudaine dans tout le royaume! Le roi transmit aussitôt sa couronne à son fils et invita les gens des neuf royaumes alentour à un grand banquet. Jeunes et vieux s'y amusèrent, même le serviteur et les bergers, les princesses et les servantes, le vieux roi et la reine, ainsi que le prince lui-même et la plus belle des princesses des neuf royaumes voisins. Le plus ancien chanteur de la cour ne fut pas le dernier à profiter de la fête. Il composa sur-le-champ une chanson sur cet événement et l'apprit à des chanteurs plus jeunes et aux braves gens du pays afin qu'ils sachent bien quel bon roi ils auraient à l'avenir.

Liam Donn

Il était une fois un roi d'Irlande très puissant qui avait douze fils. Ni sa femme ni lui n'auraient pu dire lequel d'entre eux était le plus intelligent, le meilleur ou le plus habile. Il suffisait de les regarder pour comprendre qu'ils se conduisaient tous avec courtoisie, qu'ils étaient serviables les uns envers les autres et se comportaient en tout aimablement.

Un jour, le roi prit conseil de son plus vieux et avisé conseiller qui lui dit :

«Mon roi, la chance va t'abandonner si tu n'envoies pas l'un de tes fils dans le monde. Ordonne-lui de ne rentrer qu'après avoir accompli un fait que personne n'a osé accomplir jusqu'ici. Il ne pourra revenir que lorsqu'il aura étonné favorablement l'univers!»

«Vieillard, que dis-tu là?» s'écria le roi effrayé. «Il est peut-être bon que les jeunes gens partent dans le monde faire leurs preuves, mais comment pourrais-je refermer ma porte sur l'un de mes fils en lui interdisant de revenir avant qu'il n'ait accompli un fait que personne n'aurait osé accomplir jusque-là? C'est comme si tu me demandais de l'envoyer à une mort certaine.»

«Souviens-toi, roi, que sans cela la chance t'abandonnera», répondit le vieil homme. Comme le souverain le tenait en grande estime, il se décida à suivre, le cœur lourd, ce conseil. Il rentra chez lui et conversa avec son épouse sur le point de savoir lequel d'entre leurs fils il fallait envoyer loin de la maison. La reine éclata en sanglots, car elle ne savait que faire en cette circonstance. Enfin, ils laissèrent choisir le hasard. Celui d'entre leurs fils qui rentrerait aujourd'hui le dernier de la chasse serait désigné pour aller de par le monde accomplir ce fait héroïque que personne n'avait osé tenter jusque-là.

Le roi et la reine se postèrent à la porte du château pour attendre le retour de la chasse. Le plus jeune des fils arriva le dernier. La reine en avait le cœur brisé. Elle aimait tous ses fils, mais elle avait une préférence pour le plus jeune, Liam Donn. Le roi lui-même ne se résignait pas à refermer la porte sur lui.

«Attendons jusqu'à demain», dit-il en soupirant.

Mais le lendemain, le plus jeune des fils arriva de nouveau après ses frères de la chasse.

«Attendons encore un jour», supplia la reine et le roi, une fois encore, ne referma pas la porte sur lui.

Mais le troisième jour, Liam Donn arriva encore après ses frères et le roi n'eut plus qu'à tenir parole et à refermer la porte sur lui.

«Mon fils, le sort t'a désigné pour aller dans le monde», déclara-t-il. «Cette porte ne s'ouvrira plus devant toi que lorsque tu auras accompli un fait tel que personne n'a osé en accomplir jusque-là de semblable. Reviens quand tu auras réussi à étonner le monde et à faire qu'il se souvienne de toi. Je préférerais mourir plutôt que de te renvoyer ainsi, mais je ne puis faire autrement, sinon la chance nous abandonnerait.»

«Ne te fais pas de soucis pour moi, je ne deviendrai pas un pauvre mendiant. Cher père, tu nous a appris que nous ne devions pas manger en vain notre pain et notre soupe. Dis-moi, quel devoir dois-je accomplir?»

«C'est bien, mon fils, ton discours me plaît. Alors, écoute-moi : je vais te dire quelle est ta tâche. Mon ami, le roi de Grèce a douze filles. La plus jeune, Una Blanche-main, s'est perdue et on ne l'a pas retrouvée. Va, Liam Donn, va et trouve-la! Ne reviens que lorsque tu l'auras retrouvée et délivrée.»

«J'y vais de ce pas, mais je voudrais d'abord prendre congé de ma mère et de mes frères. Lorsque ma mère m'aura béni, je m'en irai de par le monde.» Sur ces mots, Liam Donn prit son élan et sauta par-dessus la muraille du château de son père. Il s'assit sur un tabouret devant le feu et soupira profondément. Alors, le plafond se couvrit de cendre et le tabouret de métal s'enfonça profondément dans la pierre devant la cheminée.

«Je suis triste, mon fils, de me séparer de toi», dit le roi, «car je vois que tu es un brave garçon.»

Cependant, la mère arrivait avec trois pains. Dans le premier, elle avait mis un peu de lait maternel, dans le second de l'hydromel et dans le troisième quelques gouttes de sang.

«Liam, je te donne ma bénédiction et ces trois pains pour le voyage. Toute ma force est contenue dedans. Celui que tu combattras avec ces pains tombera mort.»

Le jeune prince remercia sa mère, il prit congé de son père et de ses frères et se mit en chemin à la recherche de Una Blanche-main.

Il marcha, marcha de l'aube au couchant. Au crépuscule, il finit par apercevoir au loin dans une profonde vallée, une lumière. Elle le conduisit à une maison où il découvrit une jeune fille belle comme une image. Elle avait une étoile d'or au front et se peignait avec un peigne d'or. Elle eut grand-peur quand elle vit un inconnu à sa porte.

Liam Donn la salua aimablement et lui demanda de l'héberger pour la nuit.

«Sauve-toi, jeune homme, si tu tiens à la vie», s'écria la jeune fille, «un géant cruel va revenir dans cette maison et, s'il te trouve, il te brisera en morceaux.»

«Je ne m'enfuierai devant personne», répondit Liam Donn, «et je ne me laisserai pas briser en morceaux.»

Sur ces entrefaites, le géant rentra chez lui.

«Grrr...», rugit-il en voyant que Liam ne se laissait pas impressionner. «Voici donc un de ces maudits Irlandais! Ah! Ah! En voilà un! Tu es trop gros pour que je ne fasse de toi qu'une bouchée, mais tu es trop petit pour en faire deux. Je ne sais donc pas s'il vaut mieux te jeter dans mon chaudron ou te réduire en miettes comme du vulgaire pain.»

«La foudre est tombée sur toi, brigand!» trancha Liam Donn, «au lieu de te vanter, prouve donc un peu ce que tu peux faire!»

Alors, les deux hommes mesurèrent leurs forces. Ils combattirent longtemps. A un moment, il sembla que le géant allait avoir raison du prince, car celui-ci demeura allongé, impuissant à terre. En effet, Liam Donn eût été en bien mauvaise posture, s'il ne s'était souvenu brusquement de l'existence des pains de sa mère. Dans un dernier effort, il en sortit un de sa poche et le lança en direction du géant. Alors, celui-ci se calma et se mit à mordre dans le pain. Il entrouvrit les yeux et dit d'une voix douce :

«Bienvenue à toi, fils de ma sœur unique, bienvenue chez moi! Je t'ai reconnu au goût de ce pain. Personne au monde n'en fait de pareil, hormis ta mère. Je te viendrai en aide, si tu poses ce pain sur ma poitrine.»

Liam Donn n'en pouvait croire ses oreilles, néanmoins, il remit le pain au géant. A cet instant, celui-ci se transforma en aimable jeune homme. Il se redressa sur ses jambes et embrassa Liam Donn. Peu de temps après, ils étaient assis ensemble à une table richement garnie. L'homme raconta qu'il avait vécu de nombreuses années sous l'apparence d'un ogre et que seul, le fils de son unique sœur pouvait le délivrer du sortilège qui pesait sur lui.

«Liam, dis-moi en toute franchise ce que tu désires. Je pourrais peut-être t'aider», proposa-t-il.

«J'ai besoin avant tout d'un conseil», dit Liam Donn, «je voudrais savoir où se trouve Una Blanche-main, la fille du roi de Grèce.»

«Je ne pourrais te le dire, car je n'en sais rien. Mais sans doute, mon frère cadet saura-t-il te conseiller. Tu le trouveras aisément. Voici une bride rouge. Si tu la tires, un cheval rouge viendra à toi de l'écurie et te conduira à lui. Si tu parviens aussi à le vaincre en combat singulier, tu le délivreras de son sort, comme tu l'as fait pour moi, et il te viendra en aide.»

Liam Donn le remercia. Le soir même, le cheval rouge l'avait conduit jusqu'à une maison isolée. Là, il vainquit le second géant en combat singulier et le monstre retrouva une apparence humaine. Mais le frère cadet an-

nonça au jeune homme qu'il ne savait pas non plus où se trouvait Una Blanche-main.

Quand le brouillard se fut installé dans la vallée, Liam Donn arriva devant la maison d'un troisième ogre, le plus jeune des trois frères. Il trouva là aussi une belle jeune femme avec une étoile d'or au front et un peigne d'or dans la main. Elle aussi eut grand-peur quand elle aperçut le jeune homme sur le seuil de la porte.

«Fuis, si tu tiens à la vie», lui lança-t-elle en guise de salut, «un cruel géant va rentrer à la maison et quand il te trouvera là, Dieu seul sait quelle mort il te réservera.»

«Je n'ai appris à me sauver ni devant les ogres, ni devant les sorcières ni devant n'importe quel garçon de mon âge. Il ne me fera rien.»

«Regarde, il enjambe déjà les montagnes et peut traverser deux vallées en une seule enjambée», dit la jeune fille en tendant le bras.

Là-dessus, l'ogre arriva chez lui.

«Fi! Fi! Fi!» rugit-il de loin en soufflant sur la maison.

Etonné que les murs ne s'écroulent pas, il continua :

«Voici donc un de ces maudits Irlandais! Ah, ah! En voici un! Il est trop gros pour n'en faire qu'une bouchée et trop petit pour en faire deux. Je ne sais si je dois te souffler dessus et t'envoyer du côté ouest du monde, ou te souffler dessus et t'envoyer au sud!»

Quand Liam Donn aperçut ce géant à cinq têtes, il eut un peu peur mais n'en laissa rien paraître.

«La foudre est tombée sept fois sur toi, brigand!» trancha-t-il, «cesse de souffler et montre-moi ce que tu peux faire!»

Alors, ils se mirent à combattre comme des bêtes sauvages. A l'endroit où ils se battaient, ils brisaient la roche. Dans leur fureur, ils creusaient un fossé là où ils tombaient.

Après avoir longtemps lutté, l'ogre réussit à saisir Liam Donn. Mais celui-ci le repoussa et, l'attrapant aux genoux, le fit tomber en direction d'une pierre pointue. Le géant parvint à l'éviter, mais Liam le poussa encore vers la pierre. Le géant réussit encore à se dégager. Alors, Liam Donn, de toutes ses forces, lui enserra la taille et le jeta encore dans cette direction.

«Je crois à présent ce que m'a dit ma mère!» s'écria-t-il en saisissant le dernier pain qui lui restait et en le lançant vers le géant. Quand ce dernier l'eut goûté, il s'apaisa aussitôt :

«Bienvenue, fils de mon unique sœur, bienvenue chez moi! Tu me rends la vie. Vite, pose ce pain sur ma tête et je pourrai t'aider.»

Liam Donn rendit donc humaine apparence au troisième frère de sa mère. Il y eut bien de la joie dans la maison quand le géant et son épouse apprirent comment Liam avait délivré les deux autres frères du sort qui pesait sur eux.

«Dis-moi, Liam, comment puis-je te rendre service?» demanda le vaincu.

«Bien aisément, si tu me dis où se trouve Una Blanche-main, la fille du roi de Grèce, et quel danger pèse sur elle. Mon père m'a ordonné de la délivrer. Tant que je ne l'aurai pas fait, je ne pourrai rentrer chez moi.»

«Il n'est pas facile de t'avouer où se trouve Una. Tu courras avec elle un grave danger. Reste ici jusqu'à demain matin et je t'indiquerai alors le chemin. Si je te dis que la tâche ne sera pas facile, c'est que pour délivrer Una, il te faudra combattre un cruel dragon.»

Ensuite, Liam Donn et son hôte mangèrent et burent, tout en se contant les exploits du héros Finn. Ainsi, la nuit passa-t-elle vite pour eux. Puis ils recouvrèrent leurs forces en se laissant aller à un profond sommeil.

Quand le jour se leva, Liam Donn bondit sur ses jambes, se restaura et mit son épée à sa ceinture.

«Attends, je vais te donner la bride et mon cheval te conduira jusqu'au bord de la profonde rivière où se trouve Una Blanche-main», lui dit son oncle. Tout le monde pleure à ses côtés, car le temps approche où le dragon va sortir de la mer et l'emporter Dieu seul sait où. De braves gens ont pris soin d'elle jusque-là, mais à présent, ils ne peuvent plus rien pour elle si tu ne parviens pas à la protéger.»

Liam Donn remercia son oncle et prit congé de lui.

«Attends encore, tu ne sais pas ce qui te menace en route», le prévint son oncle. Tu passeras par trois montagnes. Une de métal, une de flammes, et une pleine de loups-garous. Voici un baume que tu garderas soigneusement. Si tu te piques, si tu te brûles ou si tu te blesses, tu n'auras qu'à enduire ta blessure de ce baume, et elle guérira aussitôt.»

Quand Liam eut tiré sur la bride que lui donna son oncle, un cheval gris arriva au galop et le conduisit tout droit vers la rivière au bord de laquelle se tenait Una Blanche-main. La monture allait si vite qu'elle touchait à peine terre. Ils eurent tôt fait de franchir la montagne de fer, plantée de longues aiguilles pointues. Le petit cheval sauta par-dessus d'un seul bond. Ni lui, ni son cavalier ne se piquèrent, mais ils poursuivirent leur course sans reprendre haleine. De loin, ils aperçurent la montagne de feu dont on voyait s'élever les hautes flammes.

«Saute, mon petit cheval!» l'encouragea Liam Donn. Et la monture vola littéralement au-dessus de l'obstacle qu'ils franchirent ensemble d'un seul bond. Les flammes n'atteignirent ni le cheval ni le cavalier. Mais déjà, les attendait l'épreuve la plus difficile : la montagne aux loups. Elle était habitée par des milliers de loups-garous affamés qui avaient dévoré tout ce qui était vivant en cet endroit.

Le petit cheval prit son élan et s'éleva au-dessus de la montagne. Mais les loups-garous se mirent à bondir très haut et à cracher du poison. L'un d'eux réussit à planter ses dents venimeuses dans une des jambes du cheval. Celui-ci hennit désespérément et aurait sans doute rendu l'âme si Liam Donn n'avait eu sur lui son baume.

«Ne pleure pas, mon petit cheval», le consola-t-il, en le soignant.

Le baume était si efficace qu'aussitôt le cheval se remit à galoper joyeusement. Ils purent enfin s'arrêter pour se reposer et reprendre des forces en mangeant et en buvant. Liam Donn soigna de nouveau son cheval afin qu'il ne restât pas la moindre goutte de poison. Puis il enleva ses chaussures de voyage qui avaient été déchirées par les crocs des loups-garous. Il chaussa des souliers en peau de chevreuil, remonta sur le petit cheval et ils repartirent. Peu de temps après, ils entendirent de loin le bruissement d'une puissante rivière. Cela faisait comme si l'on versait de l'argent dans la vallée. Sur la berge, s'élevait un rocher haut et nu et là, lourdement enchaînée, se lamentait Una Blanche-main.

Un attroupement se tenait au pied du rocher. Tout le monde pleurait, si bien que la terre avait du mal à absorber toutes ces larmes. Mais aucun d'entre ces gens n'osait désobéir au monstre qui leur avait ordonné d'enchaîner Una Blanche-main au rocher et de l'abandonner là, toute seule.

D'un seul bond, le petit cheval franchit la large rivière. Avant même que ses sabots n'eussent touché le sol, Liam Donn s'écria :

«Braves gens, pourquoi pleurez-vous au point que la terre ne parvient pas à absorber vos larmes? Et toi, belle jeune fille, pourquoi te lamentes-tu au point d'attendrir la pierre elle-même?»

«J'attendris peut-être la pierre, mais pas le monstre qui m'oblige à être ainsi enchaînée à ce rocher. Il a menacé de détruire tout le pays s'il ne m'obtenait pas.»

«Ne crains rien, Una», dit Liam Donn, «je ne te laisserai pas entre les griffes de ce monstre. Je le combattrai et te protégerai, ainsi que ce pays. J'ai traversé pour cela le monde entier depuis mon royaume d'Irlande.»

Les gens acclamèrent ce discours, mais Una Blanche-main se contenta de secouer la tête en disant doucement :

«Je te remercie, brave jeune homme, mais personne n'a jamais réussi à vaincre·ce monstre. Il a déjà fait périr bien des gens courageux. Quant à moi, mon sort est tout tracé : je mourrai sans doute bientôt. Je préfère donc que tu sois épargné.»

Là-dessus, la rivière se mit à frémir et l'horrible monstre à trois têtes s'approcha. Il fouettait l'eau si fort que de hautes vagues venaient se briser sur la berge. Un instant plus tard, le dragon se hissait déjà sur le bord.

«Hé! Monstre, laisse en paix celle qui ne t'appartient pas!» cria Liam Donn en se lançant à l'assaut de la bête. Il dégaina son épée et la fit tourbillonner. Mais le dragon se défendit avec rage. Ils luttèrent longtemps et le soir seulement Liam Donn parvint à trancher l'une des têtes du monstre. Celui-ci plongea aussitôt dans la rivière en grondant :

«Je reviendrai demain, et malheur à ce pays si je ne trouve pas Una Blanche-main attachée à ce rocher.»

«Si tu réapparais demain, tu auras encore une tête en moins!» lui lança Liam Donn.

Le lendemain matin, Liam Donn attendit donc le monstre sur la berge. Et en effet, l'eau se remit à frémir et le dragon réapparut, sortant de la rivière. Liam dégaina son épée et le combat reprit. Ils luttaient encore lorsque le soleil se coucha à l'horizon. Quand Liam Donn se rendit compte que la nuit venait et que le monstre était toujours vivant, son cœur fut saisi d'angoisse. Il combattit donc de plus belle et finit par trancher la seconde tête du dragon. Celui-ci rugit de douleur et plongea dans la rivière, aussi lourd qu'une pierre.

«Je reviendrai demain», menaça-t-il, «et je te briserai en morceaux. Malheur à ce pays si je ne retrouve pas Una Blanche-main attachée à ce rocher.»

Le troisième jour, Liam Donn attendit donc encore le monstre sur la berge. La pauvre Una Blanche-main se serrait contre le rocher, plus morte que vive. Elle n'avait pas peur pour elle-même, mais pour le brave jeune homme irlandais qui combattait pour elle.

Dans tout le pays, la rumeur courut que, depuis deux jours, un jeune héros inconnu tentait de délivrer Una Blanche-main et avait déjà tranché deux têtes au dragon. Alors, une telle foule de gens se pressa sur le bord de la rivière que celui-ci fut noir de monde. Chacun voulait voir comment ce jeune homme téméraire allait combattre le dragon.

Ils n'eurent pas besoin d'attendre longtemps car l'eau se remit à frémir et le monstre apparut. Il sortit des flots et rugit si fort en apercevant Liam Donn et son épée que les rochers en éclatèrent. Et la lutte reprit, avec férocité.

Le soleil déclinait lentement vers l'ouest, quand Liam Donn se rendit compte avec désespoir que le dragon était toujours vivant. Il saisit son épée avec force, la brandit furieusement et la dernière tête du cruel dragon de la mer roula dans la rivière.

Les gens qui se tenaient sur la berge crièrent victoire, ils s'embrassèrent,

firent des bonds, chantèrent, dansèrent et fêtèrent la liberté retrouvée de Una Blanche-main. Beaucoup d'entre eux grimpèrent sur le rocher. Ils détachèrent la jeune fille et l'emmenèrent sur le bord du fleuve. Là, ils se remirent à s'embrasser, à se congratuler, à se réjouir dans les rires et les larmes à s'en faire bourdonner les oreilles.

Liam Donn tentait cependant de parvenir jusqu'à la jeune fille. Il la voyait partout, mais ensuite, elle disparaissait à ses yeux. Puis il l'aperçut à nouveau, et elle lui souriait avec douceur. Elle lui tendit les bras et une clameur se fit entendre :

«Place! Faites place au roi de Grèce!»

Alors, la foule arracha Liam Donn à Una Blanche-main. Le jeune homme en perdit ses chaussures. Tout le monde voulait voir le roi de Grèce serrer sa fille délivrée sur son cœur. A cet instant, personne ne faisait plus attention à Liam Donn. Alors, il se dégagea de la foule des curieux et s'éloigna. Le soir, quand la brume tomba sur la rivière, il arriva devant une chaumière isolée. Il pria ses habitants de l'accueillir pour la nuit. Ils l'invitèrent aimablement à entrer et l'installèrent à une table où ils lui offrirent du pain frais et du gigot d'agneau.

Pendant ce temps, on avait reconduit la fille du roi au château où eurent lieu de fastueuses réjouissances. La délivrance de la princesse fut fêtée par des danses et des chants. Le roi et Una Blanche-main cherchaient le libérateur dans la foule des invités. Mais ils ne le virent ni autour des tables, ni parmi les danseurs. Le courageux jeune homme semblait avoir disparu sous terre. On ne retrouva de lui que ses souliers.

«Mon cher père, si tu désires que je sois heureuse et joyeuse, laisse-moi retrouver le propriétaire de ces chaussures», demanda Una.

Et elle les essaya aux seigneurs ici présents et aux soldats. Beaucoup d'entre eux tentèrent de tricher mais il était évident que les chaussures en peau de chevreuil ne leur allaient pas.

Finalement, les envoyés du roi parvinrent jusqu'au chalet où Liam Donn avait passé la nuit. Ils cherchèrent le jeune homme et, quand ils l'eurent trouvé et qu'ils lui eurent essayé les souliers, ceux-ci lui allaient comme s'ils avaient été cousus sur lui. Avant que le garçon n'ait eu le temps de reprendre ses esprits, ils l'entraînèrent au château royal.

Quand Liam Donn apparut à l'entrée, la joie éclata dans la cour du palais. Le roi lui-même vint à sa rencontre et l'embrassa comme s'il était son propre fils. Il ne savait comment le remercier.

«Moi aussi, je te remercie, mon sauveur», lui dit Una Blanche-main. Et elle lui sourit avec tant de douceur que Liam Donn sentit son cœur bondir de joie dans sa poitrine.

Le roi se rendit compte que sa plus jeune fille n'avait d'yeux que pour son libérateur. Il en fut d'autant plus ravi qu'il apprit par la suite que le jeune homme était le fils de son meilleur ami.

Alors, bientôt, on célébra les noces dont les réjouissances durèrent sept jours et sept nuits. L'hydromel coula à flots et chaque mets arrivant sur table était meilleur encore que le précédent, si tant est que cela fût possible, car tout fut succulent du début à la fin des repas.

Après la noce, Liam Donn et son épouse retournèrent en Irlande. Et, de même que l'on avait fêté la délivrance de la princesse en Grèce, on fêta en Irlande le retour du prince. Le roi accueillit Liam Donn toutes portes ouvertes.

Sept nuits et sept jours durant, les Irlandais se réjouirent, qu'ils fussent jeunes ou vieux. La table royale croulait sous les vivres et les boissons. Même les chiens, dans tout le royaume, eurent leur part et ils rognèrent des os délicieux pendant sept nuits et sept jours.

J'étais en personne à ce mariage. J'y ai bu, j'y ai mangé et j'ai enfilé mes bottes cirées pour aller raconter partout comment, du début à la fin, les choses s'étaient passées.

Comment la glorieuse ville d'Is fut engloutie par les vagues de la mer

Autrefois, le puissant roi Grallon gouvernait la vieille Cornouaille, en Bretagne. Ses sujets, mais également tous ceux qui l'approchaient disaient qu'il n'existait pas de meilleur roi au monde. Le moindre pèlerin fatigué trouvait place à sa table, au même titre que le seigneur le plus noble. Le roi aimait par-dessus tout s'entourer de chanteurs et de poètes qui savaient

beaucoup de choses sur le vaste monde et célébraient dans leurs chansons le passé et le futur, l'amour et la peine, les hommes glorieux et les villes célèbres.

La chance souriait au roi en tout et pourtant, quand il se retrouvait seul dans la salle du trône, la tristesse l'étreignait. La reine était morte jeune et lui avait laissé deux filles, toutes deux belles comme des images. L'aînée était gentille et bonne avec tout le monde. On ne s'étonnera donc pas, qu'arrivée à l'âge adulte, elle fut demandée en mariage par un roi voisin. Ce souverain eut l'heur de plaire à la princesse et, quand il l'eut invitée à venir s'installer dans son château, elle ne prêta plus l'oreille à d'autres prétendants. Le roi de Cornouaille fit célébrer le mariage de sa fille, auquel prirent part jeunes et vieux des neuf royaumes voisins. Le roi Grallon lui-même y dansa comme un jeune homme.

La seconde princesse, qui se nommait Dahut, ne ressemblait en rien à sa sœur. Elle était orgueilleuse et prétentieuse. Cela tourmentait son père, ses conseillers et ses amis, car elle se conduisait envers chacun avec ironie ou colère. Mais comme elle était encore plus belle que méchante, elle avait au moins autant de prétendants que de doigts à chaque main. Mais aucun ne lui semblait assez bon pour elle, et elle s'amusait à les dresser les uns contre les autres. Ses yeux n'étaient jamais aussi brillants que lorsqu'elle avait réussi à les mettre en colère. Finalement, certains étaient soulagés quand ils quittaient ce château où ils laissaient la princesse Dahut au milieu de sa cour de nobles admirateurs. Lorsqu'elle daignait un jour sourire, c'était pour tourmenter le lendemain davantage encore ses victimes avec un plaisir diabolique.

«Turbulente jeunesse!» soupirait souvent le roi Grallon quand il apprenait les nouvelles inventions de sa fille, «elle finira par s'assagir et par ne plus prendre les choses à la légère», se disait-il pour se rassurer.

Un jour, le roi, accompagné seulement d'une petite escorte, s'en alla à la chasse pour oublier un peu le chagrin que lui causait sa fille. Tandis que les chasseurs avançaient dans l'épaisse forêt qui recouvrait la montagne, ils eurent le sentiment de s'être égarés. Après bien des errances, ils suivirent un sentier qui les conduisit jusqu'à une chaumière isolée au bas d'une pente. Sur le seuil, un noble vieillard accueillit le roi comme s'il s'agissait d'un très vieil ami.

«Dis-nous donc qui tu es et si tu peux nous indiquer le chemin de la ville royale. Nous avons longuement erré dans les fourrés sans voir la moindre parcelle de ciel au-dessus de nos têtes», dit le premier conseiller du roi.

«Mon nom est inconnu du monde aujourd'hui. Je m'appelle Corentin et je vous dirai bien volontiers comment on se rend à la ville. Mais reposez-vous donc un peu avant, mangez quelque chose... Vous devez avoir faim depuis que vous marchez dans cette forêt.»

Ce discours plut au roi. Il avait entendu parler du sage Corentin. Mais son escorte garda le silence devant la pauvreté de la chaumière où il n'y avait ni nourriture, ni endroit pour se reposer.

Le vieil homme sembla deviner la raison de ce silence. Il demanda alors au cuisinier du roi de le suivre, afin de venir préparer un dîner pour la noble assemblée. Il le conduisit jusqu'au bord d'une source. Là, il lui ordonna de puiser de l'eau dans un grand chaudron d'or. Puis il extirpa lui-même de la source des poissons dont il jeta une partie dans le chaudron et renvoya une autre partie dans l'eau de la source. Les poissons qui avaient été rejetés à l'eau se dépêchèrent de s'enfuir, tandis que le cuisinier se renfrognait :

«Sommes-nous des mendiants ou des courtisans royaux pour nous satisfaire d'une telle friture? On se moquera de moi si je prétends avoir cuisiné cela», protesta le cuisinier.

Mais le vieil homme se contenta de sourire :

«Ecoute-moi donc au lieu de te plaindre. Ne crains rien, il y en aura pour tout le monde. Apporte l'eau et remplis-en les coupes que tout le monde puisse boire.»

Le cuisinier n'avait pas le choix et il s'exécuta. Et, comble d'étonnement, la clairière fut bientôt emplie d'une bonne odeur de soupe de poisson. Le cuisinier n'en avait encore jamais fait de plus appétissante! Quant aux coupes, elles débordèrent bientôt de bon vin sucré comme miel.

Quand le roi fut rassasié, désaltéré et reposé, il proposa au vieillard :

«Laisse ton ermitage et viens avec moi dans ma ville de Quimper. Tu viendras avec moi au château et gouverneras à mes côtés. Peut-être, à ton contact, ma fille acquerra-t-elle un peu de ta sagesse et de ta modestie. Car tu as déjà enseigné à bien des gens comment vivre avec courage et courtoisie.»

[133]

Tout d'abord, Corentin ne voulut rien entendre. Il s'était retiré depuis longtemps du monde et ne désirait pas y retourner. Mais il finit par se laisser convaincre. Le jour même, le roi abandonna son château et toutes ses richesses pour se rendre au bord de la mer dans la ville d'Is. La beauté de cette cité ne pouvait se comparer qu'à celle de la fameuse ville de Paris. De puissantes murailles la protégeaient des vagues de la mer. Seule, la princesse Dahut, qui séjournait de temps à autre dans cette cité, pouvait déverrouiller et verrouiller les portes des remparts avec une clé d'argent qu'elle portait toujours au cou. Elle l'avait obtenue par les pouvoirs magiques du roi des dragons de la mer.

«A partir de maintenant, elle est à toi et elle te servira, ainsi que mes sujets», lui avait affirmé le souverain de la mer. «Mais malheur à cette ville si cette clé passe en d'autres mains. Souviens-toi que maintenant, vous êtes sous la protection de la mer!»

A partir de là, la princesse eut à son service les dragons de la mer et un peuple de lutins, venus des profondeurs de la terre, les korrigans. Ils lui rendirent de grands services, ainsi qu'à la ville. Ils construisirent pour la ville d'Is des ponts, des portes et des tours qu'ils recouvrirent d'une couche d'or. Tout cela resplendissait tellement au soleil que les gens en étaient aveuglés. Ils mirent aussi, dans les écuries princières, du marbre blanc, du marbre rouge et du marbre noir en fonction de la couleur des chevaux qui s'y trouvaient. Les korrigans s'occupèrent avec soin des chevaux eux-mêmes. Ils les nourrirent et les bouchonnèrent si bien qu'il n'existait pas un roi qui eût des montures aussi belles.

A l'aurore, les korrigans donnaient à manger aux dragons de la mer, afin de pouvoir sans danger traverser le port pour se rendre au large, et plus loin, sur des rivages étrangers où ils prenaient toutes sortes de biens. Ils rapportaient aussi les chargements des navires ennemis qu'ils avaient arraisonnés. De cette façon, la ville d'Is ne tarda pas à devenir immensément riche. Les habitants s'enorgueillirent de posséder autant de choses, de ne manger que dans des assiettes d'argent, de ne boire que dans des coupes d'or, de ne s'habiller que de soie et de laine fine. Chaque occasion leur était bonne de danser et de se réjouir, mais ils chassaient les pauvres gens hors des portes de la ville. Si le roi lui-même s'était présenté en simple chemise, et non dans ses royaux atours, on ne l'aurait pas reçu.

Le roi Grallon s'inquiéta fort quand il constata que ni lui, ni Corentin ne pouvait rien contre cette ville arrogante. Alors, il se retira dans ses appartements et n'en sortit plus. Dans la ville d'Is, on ne savait même plus si le souverain était encore vivant.

Un jour, un prince inconnu arriva d'un pays lointain dans cette ville. Il chevauchait fièrement sa monture, vêtu de la tête aux pieds de soie rouge brodée d'or. Quand elle l'aperçut, la princesse Dahut ne put détacher de lui son regard. Le prince entra dans la salle du trône. Il s'inclina devant la princesse et prononça :

«Je te salue, noble princesse, et je te fais une prière. Permets-moi de demeurer dans la plus belle ville qu'il m'ait été donné de voir.»

Puis il fit apporter les présents qu'il avait apportés de son pays lointain et la salle se mit à resplendir de toutes ces merveilles.

En plus de tout cela, le nouveau venu fit apporter un collier dont les perles étaient grosses comme des prunes et les rubis gros comme des pommes

rouges. Même la princesse n'avait jamais vu quelque chose d'aussi extraordinaire. Elle sourit aimablement à son hôte et ne s'occupa plus que de lui. Elle ne jeta pas un regard aux autres danseurs qui participaient avec eux à la fête. Quand vint minuit, les musiciens se mirent à jouer une chanson étrange. Ils la jouèrent de plus en plus vite, si bien que la princesse, ses hôtes et ses serviteurs furent entraînés dans un tourbillon et ne pouvaient plus s'arrêter pour reprendre souffle.

Alors, le prince vêtu de soie rouge tendit la main et arracha la clé d'argent du cou de Dahut.

«A présent, tu es mienne, belle princesse. Tu es princesse de l'enfer! L'arrogante ville d'Is est aussi à moi. Personne ne la verra plus, car elle sera bientôt envahie par les flots de la mer.»

Dans un coin isolé du château, le roi Grallon s'éveilla de son long sommeil. Il lui sembla que le vieux Corentin se tenait à sa porte.

«Vite, roi, vite! Un cheval tout sellé t'attend dans la cour. Enfourche-le et fuis hors de cette ville. Ne pose pas de question, ne te retourne pas et prie Dieu!»

Le roi obéit à Corentin en silence. Il lui sembla agir comme dans un rêve. Un diable ouvrit les portes des remparts et les vagues de la mer en furie submergèrent la ville de toutes parts. Le cheval du roi prit peur. Il hennit et sortit de la cour. Puis, d'un seul bond, il sauta au-dessus de la ville jusqu'à un lointain rocher. Il reste encore aujourd'hui les traces de ses sabots dans la roche. Ainsi le bon roi Grallon fut-il sauvé. Mais la glorieuse ville d'Is, ainsi que tous ses habitants, furent comme effacés par l'eau. Parfois seulement, lorsque la mer est agitée, on trouve encore sur le rivage des morceaux épars de son immense trésor. Quant à ses murailles puissantes, on les voit encore sous la mer, témoins de l'existence de cette ville célèbre et de l'orgueil de ses habitants.

Comment la femme du pêcheur sauva l'enfant de la reine des elfes

Un jour d'hiver, la jeune femme d'un pêcheur se pencha au-dessus du berceau de son enfant. Dehors, le vent soufflait, la mer grondait, les vagues se brisaient sur les rochers et la jeune femme pleurait à chaudes larmes.

«Mon petit garçon, mon soleil», chuchotait-elle, «comment allons-nous vivre, qu'allons-nous devenir, alors que la mer nous a pris ton père, notre soutien de famille?»

Là-dessus, elle sursauta, car elle venait d'entendre à la porte un faible klop-klop-klop!

«Qui va là? Qui frappe?» fit-elle, effrayée.

Elle entrouvrit la porte et, à la lumière du foyer, elle aperçut une toute petite femme, blanche comme une statue et portant un enfant dans ses bras. L'inconnue entra dans la chaumière.

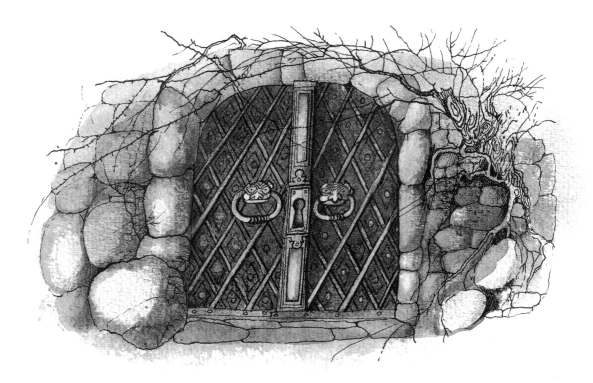

«Aide-moi, brave femme», supplia-t-elle, «je suis malade et ne suis plus capable de garder seule mon enfant en vie.»

La femme du pêcheur ne prit pas le temps de la réflexion. Elle saisit dans ses propres bras le minuscule bébé, tout faible, habillé de soie verte, et le nourrit comme s'il s'agissait du sien. Puis elle le déposa dans le berceau à côté de son fils, ranima le feu, versa ce qui lui restait de farine dans le chaudron, elle y ajouta un morceau de poisson, des légumes et, en un rien de temps, elle eut cuisiné une appétissante soupe de poisson. Ensuite, elle prépara un lit pour la dame et, un moment plus tard, tout le monde s'endormit dans la chaumière. Au matin, des pleurs d'enfant réveillèrent la femme du pêcheur. Elle jeta un coup d'œil au lit voisin et frissonna d'effroi. Il n'y avait plus trace de la visiteuse. Si elle n'avait entendu pleurer le petit bébé, elle aurait pu penser qu'elle avait rêvé. En soupirant, elle saisit les deux enfants et les nourrit comme s'il se fût agi de jumeaux. Quand ils furent rassasiés, elle examina la chaumière et ne put en croire ses yeux. Sur la table, se trouvait un plat rempli de blanche farine, un pain bien doré, du beurre frais et du miel si bon que la pauvre femme n'en avait jamais goûté de pareil. Sous la voûte de la cheminée, était suspendu un gigot fumé dont la bonne odeur se répandait dans toute la maison, faisant monter l'eau à la bouche de la jeune femme. Cette dernière posa à présent son regard sur le banc et vit que des vêtements neufs y étaient posés, des vêtements de petit garçon et des vêtements de petite fille, tout en soie et en laine brodée légère comme du papier. «Ce ne peut être que le fait de la reine des elfes», se dit la femme du pêcheur.

A partir de ce moment-là, on ne connut plus la misère dans la chaumière. Les enfants, bien nourris, poussaient comme de jeunes plantes. La petite fille avait le visage blanc et rose et ses yeux verts brillaient comme l'eau d'un lac.

Un soir, alors que l'été approchait et que la femme du pêcheur tentait d'endormir les enfants en chantant une chanson, retentit à la porte un faible klop-klop-klop! La jeune femme se leva, entrouvrit la porte et se trouva à nouveau en face d'une toute petite femme en habit de soie verte. La visiteuse lui sourit et ses yeux verts brillèrent comme des étoiles dans la nuit.

«Je suis venue te remercier de nous avoir sauvées, ma fille et moi et de nous avoir rendu la vie. A présent, je viens reprendre mon enfant. Mais je te demande instamment de venir avec moi, ainsi que ton fils. Ne crains rien, vous serez de retour demain.»

Cette fois non plus, la femme du pêcheur ne prit pas le temps de la réflexion. Elle enfila un vêtement, enveloppa son fils dans un lange et suivit la dame vers la montagne. Elles traversèrent une sombre forêt et finirent par s'arrêter devant un buisson. A l'intérieur du fourré apparut soudain une sorte de passage. Celui-ci s'écarta devant elles et une porte de fer s'ouvrit. Elles la franchirent et le buisson se referma derrière elles. L'herbe piétinée se releva comme si personne n'était jamais passé par là.

La reine des elfes guida la femme du pêcheur à travers une campagne luxuriante. Il y poussait des arbres aux fruits si sucrés que des gouttes de miel en coulaient. Les blés mûrissaient dans les champs, plus hauts qu'un homme de taille normale, et laissaient pencher leurs épis longs comme des têtes de chevaux.

Du château royal s'élevait une musique tantôt allègre, tantôt gaie, tantôt mélancolique, sur laquelle les elfes dansaient leurs danses immémoriales. La femme du pêcheur ne savait plus devant quoi s'émerveiller : les tapis et les rideaux étaient épais comme l'écume de la mer, les ornements des pièces venaient de tous les coins du monde et étaient somptueux... La reine la guida vers la table principale et lui offrit des mets et des boissons comme elle n'en avait jamais goûtés et comme il n'en existait sans doute pas à la table même du roi. Pendant ce temps, les enfants dormaient dans un berceau d'or, orné de pierres précieuses et de draps de soie. Ils faisaient sûrement tous deux de beaux rêves car ils souriaient d'aise dans leur sommeil.

Au matin, la reine des elfes remercia une nouvelle fois la femme du pêcheur.

«A présent, nous devons nous séparer», lui dit-elle, «mais je n'oublierai jamais ta bonté. Je veux que tu gardes un souvenir de moi. Je pense que le meilleur service que je puisse te rendre, c'est que tu ne puisses jamais voir le fond de tes plats, tant ils seront toujours pleins de bonnes choses. Il faut que vous ne connaissiez jamais plus la faim, ni toi ni ton fils. De plus, je vais te faire un autre présent. Je vais te préparer un récipient, empli de remèdes que les gens ne connaissent pas. Ils ont des propriétés telles qu'ils soigneront les plaies et les os brisés. Mais ni toi ni ton fils n'en aurez jamais besoin. A partir de maintenant allez, et vivez dans la paix et le bonheur.»

A cet instant, le château royal disparut aux yeux de la femme du pêcheur, et l'épais buisson se referma sur elle. Elle se retrouva, avec son fils, dans la montagne sombre et se dépêcha de rentrer chez elle.

La réputation des bienfaits des remèdes, des baumes et des herbes de la femme du pêcheur se répandit comme une traînée de poudre dans les environs. Du matin au soir et, bien souvent, du soir au matin, la jeune femme soigna des plaies et des maladies. Elle sauva plus d'un patient de la mort et continuait à avoir toujours assez de remèdes pour les pauvres comme pour les riches, qu'elle nourrissait de surcroît à sa table. Malgré tout ce qui était utilisé chez elle, sa table et ses étagères demeuraient toujours pleines. Ainsi, la femme du pêcheur, son fils et plus tard ses petits-enfants, vécurent-ils en bonne santé jusqu'à leur vieillesse. Tout le long de la côte, on ne connut pas de meilleur médecin que le fils de cette pauvre femme du pêcheur, et l'on n'en connaîtra sans doute jamais.

Maître Goban

Il y a très, très, très longtemps, vivait en Irlande le fameux maître Goban Saor. Personne ne savait mieux que lui travailler le bois, forger le fer et sculpter la pierre. Personne ne savait non plus construire de plus beaux bâtiments que lui. Personne n'a encore élevé de plus magnifiques et de plus vastes châteaux que lui. Ses constructions étaient de si bonne qualité que les tours et les donjons de maître Goban sont encore debout aujourd'hui, bien que de sauvages ennemis leur aient donné l'assaut. Goban avait deux filles et un fils. Il éleva le garçon avec soin. Il lui enseigna tout ce qu'il savait lui-même. Il ne sut que plus tard qu'il ne s'agissait pas de son vrai fils, mais il ne l'en aima pas moins pour autant.

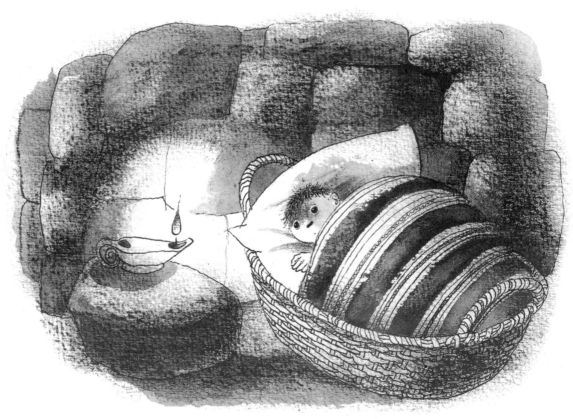

Tout se passa comme suit :

Le plus proche voisin de Goban était riche et puissant mais querelleur. Il s'appelait Frannoch. Néanmoins, il finit par laisser Goban vivre en paix et ne traversa plus la rivière qui coulait entre leurs deux maisons. Vis-à-vis des autres, Frannoch persévéra dans son attitude querelleuse. Il se disputa avec tous ses voisins proches ou lointains et, avec ses neuf fils, tout aussi querelleurs que lui, causa des dommages alentour.

Le pire arriva quand la femme de Frannoch attendit son dixième enfant. Frannoch se réjouissait de cette future naissance, mais il désirait plus que tout avoir enfin une petite fille. Il jura par le soleil et la lune qu'il tuerait sa femme et le nouveau-né si ce dernier n'était pas une fille. On voit par là quel homme farouche était ce Frannoch.

A cette époque-là, chez Goban Saor, on attendait aussi un heureux événement. Goban avait déjà des filles et souhaitait vivement un garçon afin de lui apprendre son métier.

Mais voilà : chez les Goban naquit une fille, alors que chez les Frannoch vint au monde un nouveau garçon. La sage-femme mentit à Frannoch et lui dit qu'il avait une fille. Et tandis que le vieux rustre bondissait de joie, buvait un coup et annonçait à tout le voisinage l'heureux événement, la sage-femme enveloppa le petit garçon dans un châle et l'apporta à la femme de Goban, pour que Frannoch ne lui fasse pas de mal.

«Oh! Si j'avais eu un fils, rien n'aurait pu me causer plus de bonheur», soupira la femme de Goban. Elle regarda la belle petite fille qu'elle venait de mettre au monde et lui sourit tristement.

«Sais-tu ce que nous allons faire?» chuchota la vieille. «Nous allons échanger les enfants. La petite sera bien accueillie chez les Frannoch, et ton mari sera fou de joie quand il verra qu'il a un fils. Mais notre secret ne devra pas franchir le seuil de cette porte et personne ne devra jamais l'apprendre. Tu verras, tout se passera bien.»

Elle insista tellement, que la femme de Goban finit par se laisser convaincre. La vieille enveloppa donc la petite fille dans un châle et l'emporta chez les Frannoch. Quant au petit garçon, il demeura pour toujours sous le toit de Goban.

Les deux enfants poussèrent comme des plantes. Avec sa petite fille, le vieux Frannoch devenait tout miel, mais dès qu'il mettait les pieds hors de chez lui, il n'était guère plus aimable qu'auparavant. Quant à la petite, tout le monde la connaissait alentour, tant à cause de sa gentillesse que de son extraordinaire intelligence. Même des gens plus âgés qu'elle ne possédaient pas son expérience. Elle fut remarquée par plus d'un prétendant. Chacun ne rêvait que d'en faire sa femme, mais quand il faisait mieux connaissance avec le vieux Frannoch, il abandonnait aussitôt cette idée.

Pendant ce temps, le fils de Goban avait appris le métier de son père et apportait une aide appréciable à ce dernier. Ils bâtirent ensemble plus d'un château et plus d'une tour. Tous deux étaient contents et joyeux, jusqu'au jour où la femme de Goban tomba malade. De jour en jour, elle dépérit, elle demeura au lit une semaine entière et il n'y eut personne à la maison pour accomplir son travail, ses filles étant déjà mariées. Le besoin d'habiles mains féminines se fit bientôt sentir dans la demeure.

«Il est temps de te marier», déclara soudain Goban à son fils, «mais tâche de te trouver une épouse adroite, honnête, sage et gentille. Il vaut mieux en trouver une sans argent et possédant toutes ces qualités, qu'une riche mégère.»

«Bien, père, je t'obéirai en tout. Cela m'a toujours réussi jusqu'ici», répondit le jeune homme avec déférence.

Goban hocha la tête en silence et ne parla plus de la chose. Quand arriva le jour du marché dans la ville la plus proche, il appela son fils, lui remit une grande peau de mouton, afin qu'il puisse s'y asseoir à la foire pour observer les gens. Il ne lui conseilla pas grand-chose, sinon de crier clairement: «Telle peau, tel prix!»

Cela signifiait que s'il se trouvait au marché une femme qui achetât la peau un bon prix et la lui rendît ensuite, il devait la prendre par la main et l'emmener tout droit à la maison. On verrait ensuite, si le jeune Goban avait trouvé une perle rare.

Le jeune homme fut assez surpris par ce conseil, mais il se contenta de demander quel prix il devait réclamer pour la peau. «Trois pences», répondit le maître.

Au petit matin, le jeune Goban se rendit donc au marché de la ville. Il fit ce que lui avait ordonné son père. Il s'installa sur la peau de mouton à l'endroit le plus passager et cria : «Telle peau, tel prix!»

Tout le monde se mit à rire et beaucoup auraient pensé que le jeune Goban était devenu fou s'il n'avait eu la réputation d'être aussi bon artisan.

Le soir, il rentra à la maison et son père lui demanda :

«Alors, mon fils?»

«Rien, mon père. Je reviens comme je suis parti. Je n'ai réussi qu'à faire rire les gens.»

«Quand tu auras eu plus de chance, ils cesseront de rire. Tu retourneras au marché demain.»

Mais le lendemain, le jeune Goban n'eut pas plus de chance, au contraire. Bien des gens pensèrent qu'il avait perdu la tête. Quand il recommença, le troisième jour, à crier : «Telle peau, tel prix!», ils estimèrent même qu'il serait plus prudent de l'enchaîner, car ils craignaient que dans sa folie il ne s'en prît aux moqueurs.

Tandis qu'ils délibéraient à son sujet, Cathleen Frannoch arriva au marché. Elle avait grand souci à cause de ses frères, car elle était depuis peu orpheline. Mis à part le dernier, tous étaient mariés, et leurs épouses jalousaient la jeune fille. Quand elle entendit l'appel du jeune Goban, elle s'arrêta devant lui, l'écouta de nouveau, et lui sourit :

«Combien demandes-tu pour ta peau de mouton?» questionna-t-elle.

«Seulement trois pences, mais je tiens à ce que l'on me rende la peau.»

Autour d'eux, les gens éclatèrent de rire. Mais Cathleen se décida :

«Si tu me cèdes vraiment cette peau à trois pences, je te la rendrai rapidement», promit-elle, «attends seulement un instant.»

«Bien», accepta le jeune Goban, et il attendit patiemment.

Cathleen se rendit dans la maison la plus proche où elle emprunta un grand chaudron plein d'eau bouillante et des ciseaux. Elle assouplit la peau au-dessus de la vapeur qui s'échappait du chaudron et en tondit toute la laine qui tomba dans son tablier. Puis elle rendit ce qui restait de la peau à Goban. Pour trois pences, elle avait récolté un beau tas de laine.

Goban se remit d'un bond sur ses pieds.

«Viens avec moi», lui dit-il en la prenant par la main.

«Où donc?» protesta Cathleen.

«Chez moi. Je crois que tu es celle que mon père désignait quand il me disait qu'il voulait s'entretenir avec une jeune fille intelligente.»

Cathleen secoua la tête, mais comme le jeune Goban lui plaisait, elle le suivit.

Le vieux Goban les accueillit de bon cœur quand il sut ce qui s'était passé au marché. En parlant avec la jeune fille, il se rendit compte qu'il n'avait jamais eu l'occasion de s'adresser à quelqu'un de plus intelligent. Au bout d'un moment, il la conduisit vers la table où se trouvait un tas d'argent.

«Que dis-tu de cela?» lui demanda-t-il.

«Que pourrais-je en dire sinon qu'une telle somme est une bonne chose. Il fait bon voir cela sur cette table plutôt que rien du tout.»

Cette réponse fit plaisir à maître Goban.

Il conduisit alors Cathleen dans le jardin pour lui montrer le mur autour de la maison et les nouveaux bâtiments.

«Que dis-tu de notre travail? Penses-tu que nous aurions pu faire mieux?»

«Si tu détruisais tout ceci, tu referais tout aussi bien. Pourquoi donc en parler? Tu sais mieux que moi combien un bon artisan connaît son métier», répondit la jeune fille.

Maître Goban sourit en constatant qu'il ne pourrait trouver meilleure femme pour son fils. Alors, il lui posa la question qui l'intéressait.

Les deux jeunes gens se réjouirent fort de l'événement, mais la plus heureuse fut bien la femme de Goban quand elle apprit qui était celle que son fils avait ramenée à la maison.

Depuis toujours, le fameux maître Goban avait eu de la chance, car il semblait être né sous une heureuse étoile. Il possédait des mains habiles, une tête solide et un bon cœur. Son fils était content d'avoir un tel père. Mais, plus que tout, la présence de Cathleen apporta la joie dans la maison. Même maître Goban apprit toutes sortes de choses auprès d'elle.

Goban et son fils avaient beaucoup de travail. Ils ne pouvaient tout faire. On les réclamait de toutes parts, car il n'existait pas de plus fameux bâtisseurs dans tout le pays. Un jour, Cathleen les conseilla bien pour la construction d'une tour. Comme elle leur apportait leur déjeuner sur le chantier, elle les regarda disposer les pierres pour édifier la muraille.

«Cher époux», dit Cathleen tranquillement, «ne te fâche pas si je dis une bêtise, mais il me semble qu'il serait plus facile de ne mesurer que les deux bouts de ton ouvrage, puis de tendre entre eux une ficelle. Ainsi, ton travail serait plus rapide.»

«Hé! Jeune femme! Jeune femme!» s'écria le vieux Goban.

Cathleen pensa qu'il se mettait en colère à cause de son audace, alors qu'en vérité il s'étonnait de son ingéniosité. Les deux hommes suivirent son conseil et ils accomplirent en une journée le labeur d'une semaine.

Avant cet incident, les Goban étaient déjà célèbres, mais ensuite, leur renommée n'eut pas d'égale dans tout le pays, car ils étaient capables de réaliser douze bons remparts en un jour. Leur réputation franchit la mer et se répandit en Angleterre. En ce temps-là, y vivait un seigneur très puissant. Un jour, il lui prit fantaisie de faire construire le plus beau château qu'on eût jamais vu en ce monde, et il ne voulut d'autres maîtres d'œuvre que les Goban. Il ne songea plus qu'au moyen de les attirer en Angleterre. Aussi leur promit-il une extraordinaire récompense s'ils acceptaient de mener à bien cette tâche. Il ne se souciait guère de savoir comment il trouverait une telle somme, car il avait un cœur félon.

Quand le seigneur envoya chercher les Goban, afin qu'ils réalisent le plus beau château d'Angleterre, les deux hommes se décidèrent assez vite à partir. Cathleen leur prépara tout ce qui leur était nécessaire pour le voyage. Puis elle chuchota un conseil à l'oreille de son mari.

«Mon cher époux, tu auras sûrement des gens à ton service dans cette demeure. Chante avec eux, danse, plaisante aussi, participe à leurs réjouissances en buvant de la bière et tends l'oreille. Si tu entends proférer des rumeurs contre vous, tu en seras ainsi le premier avisé. Beaucoup de bons constructeurs ont ainsi traversé la mer et ne sont jamais revenus. Il semble que la terre se soit refermée sur eux.»

«Bien, Cathleen. Je désire revenir près de toi et c'est pourquoi j'ouvrirai l'œil et les oreilles.»

Le lendemain, maître Goban et son fils se mirent en route pour ce très long voyage. Ils franchirent la rivière et marchèrent longtemps. Mais le trajet leur parut interminable.

«Essaie de nous raccourcir le chemin!» ordonna Goban à son fils.

Le jeune Goban allongea le pas, mais le père l'arrêta :

«Si tu n'as pas de meilleure idée, il vaut mieux rentrer chez nous!»

Le fils hocha la tête et obéit. Le soir même, ils étaient de retour. Cathleen s'étonna de les voir, mais elle n'en dit rien. Elle leur tendit de l'eau, afin qu'ils se désaltèrent et elle leur prépara un bon dîner. La nuit, quand son époux lui conta la raison de leur retour, elle sourit.

«Pourquoi n'as-tu pas raconté à ton père quelque bonne histoire pour le distraire durant le voyage? Le chemin lui aurait semblé plus court.»

Le lendemain, ils reprirent la route. Le jeune Goban raconta une plaisante histoire à son père et le vieux maître se sentit de si bonne humeur qu'il ne se rendit pas compte de la longueur du trajet qui les mena jusqu'au bord de la mer. Ils s'embarquèrent pour l'Angleterre et se mirent à la tâche en arrivant. Quand ils eurent construit leur troisième bâtiment, tout le monde présent commença à les louer. Il n'existait pas à leurs dires de meilleur maître d'œuvre que le vieux Goban et de plus gai et serviable compagnon que le jeune Goban. Quand ils eurent presque achevé le nouveau château, le jeune Goban était au fait de tout ce qui se disait et se faisait dans l'ancien.

Un jour, peu avant le soir, une servante du château vint chercher le jeune Goban.

«Goban, je ne puis te cacher qu'un grand danger vous menace. Faites très attention et ne parlez pas de moi car on me tuerait si l'on apprenait que je vous ai prévenus. J'ai entendu notre seigneur dire à son épouse que lorsque vous aurez achevé le nouveau château, il vous ferait jeter dans les oubliettes, afin que vous ne revoyiez plus jamais la lumière du jour et que vous ne puissiez construire au monde de château aussi beau que le sien.»

Le jeune Goban remercia la servante de son aide et lui promit de garder le silence à son sujet.

«Mon fils, il vaut mieux que nous sachions quelle récompense nous avons à espérer en échange de notre œuvre», dit maître Goban quand il connut toute l'histoire. «Je pense que nous parviendrons à lutter contre le sort avec un peu d'intelligence.»

Les deux Goban savaient à présent que tant que le château ne serait pas achevé, ils n'auraient rien à craindre, aussi continuèrent-ils paisiblement leur travail.

Quand celui-ci fut terminé, le seigneur examina le château des caves aux greniers et la construction fut fort à son goût.

«Mon château est vraiment beau, très beau!» dit-il avec satisfaction.

«En vérité, il l'est», affirma maître Goban.

«Dis-moi la vérité, maître», dit le seigneur en se tournant vers le vieil homme, «as-tu jamais entendu parler d'un château aussi beau?»

«Je te dis la vérité, seigneur, je n'ai jamais vu un château aussi beau. C'est vraiment le plus beau du monde, mais…

«Mais? Dis vite!» le pressa le seigneur.

«Comment pourrais-je parler si tu m'interromps tout le temps? A Leinster, se trouve le château royal, et il possède une tour plus haute et plus belle que celle de ton château.»

«Ne peux-tu en rajouter une plus belle et plus haute que celle du château de Leinster?»

«Je le pourrais», répondit maître Goban, «mais il faudrait auparavant nous donner la récompense promise pour que nous retournions chez nous afin d'y prendre tout ce dont nous avons besoin. Puis nous reviendrions construire la tour que tu désires.»

«Non, non, nous perdrions trop de temps. Restez ici, mangez, buvez, reposez-vous et j'enverrai mon propre fils chercher tout ce dont vous avez besoin.»

«Eh! bien, ce sera difficile…», répliqua maître Goban.

«Dites seulement ce dont vous avez besoin», insista le seigneur.

«Bon», finit par décider maître Goban, «que ton fils se rende avec un

serviteur jusqu'à ma demeure. Il y trouvera la jeune maîtresse de maison. C'est elle qui s'occupe de tout tant que ma propre femme est malade.»

Peu de temps après, le jeune seigneur, équipé pour le voyage, se tint devant maître Goban.

«Dites-moi, maître, ce que je dois rapporter.»

«Demande à la jeune maîtresse de maison un remède-anti-mensonge et une ruse-anti-trahison.»

«Quelle étrange langue est votre irlandais!» s'exclama le jeune seigneur, «répète-moi cela!»

«Remède-anti-mensonge et ruse-anti-trahison. Tu t'en souviendras?»

«Je m'en souviendrai», promit le jeune seigneur, et il partit directement pour l'Irlande.

Il traversa la mer, trouva la demeure de Goban et se présenta devant Cathleen.

«Maître Goban et son fils t'envoient leurs salutations. Ils ont déjà construit le château, mais ils doivent encore y élever une tour. Mon père désire qu'elle soit plus belle et plus haute que celle du château royal de Leinster et je viens chercher ici ce qui est nécessaire à sa réalisation. Goban te demande un remède-anti-mensonge et une ruse-anti-trahison.»

Cathleen écouta attentivement les paroles du jeune homme et comprit qu'une menace pesait sur le vieux et le jeune Goban. Elle sourit aimablement au jeune seigneur, l'installa à table, lui servit à boire et à manger ainsi qu'à son serviteur, puis elle dit :

«Les affaires de Goban sont là, dans ce coffre, derrière ce recoin. Monte sur ce tabouret, tu pourras les attraper.»

Cathleen ouvrit l'énorme coffre et, pendant que le jeune homme s'y penchait, elle le poussa à l'intérieur et referma sur lui le couvercle. Puis elle le verrouilla, ainsi que la porte de la maison, ouvrit une fenêtre et appela le serviteur.

«Retourne chez ton maître et dis-lui que le jeune seigneur est mon prisonnier. Il ne risquera rien tant que maître Goban et son fils ne seront pas revenus ici avec la récompense promise. Ensuite, je le libérerai. Mais s'il n'accepte pas mes conditions, il ne reverra pas son fils!»

Quand le serviteur revint en Angleterre avec un tel message, le seigneur comprit qu'il ne lui restait plus qu'à obéir. Ses dents grincèrent quand il dut céder ses pièces d'or, mais la vie de son fils valait bien ce sacrifice.

Ainsi, grâce à l'aide de Cathleen, les deux Goban purent rentrer chez eux, en Irlande. A partir de ce jour, Cathleen fut encore plus chère à leur cœur, bien que maître Goban s'étonnât que le grincheux Frannoch pût avoir mis au monde une fille aussi intelligente. Comme il s'en entretenait avec sa femme malade, celle-ci lui avoua la vérité d'une voix craintive.

Maître Goban bondit pour prendre son épouse dans ses bras.

«Ma chère femme! Je suis fier que nous ayons mis au monde une fille aussi merveilleuse. Quant au plus jeune des fils de Frannoch que nous avons élevé, je m'étonne qu'il ait si bien appris mon métier au lieu de ne se livrer qu'à de vaines querelles comme ses frères aînés. C'est sans doute l'effet bénéfique de notre métier. En existe-t-il de plus beau que d'élever des tours magnifiques?»

A partir de ce moment-là, les Goban vécurent tous ensemble dans la paix et dans le bonheur.

Comment la belle Helen devint reine de Rome

Il y a très, très longtemps, un jeune et brave roi gouvernait à Rome. Il n'était pas seulement intelligent et d'humeur plaisante, mais il était aussi très courageux, regardant le danger en face, et pourtant bon comme le pain. Tous le nommaient Maxime et il régnait sur de nombreux royaumes.

Un jour, le jeune roi, accompagné de sa cour et de ses serviteurs, se ren-

dit à la chasse. A midi, alors que le soleil se trouvait au-dessus de la montagne, l'escorte du roi s'arrêta dans une clairière, car tout le monde avait très chaud. On dressa une tente pour le roi, et celui-ci s'endormit, la tête reposant sur sa selle. Un songe étrange l'assaillit. Il se vit, à cheval, suivre le chemin qui longeait la rivière et arriver bientôt à sa source dans les hauteurs montagneuses. Il monta sur le sommet le plus élevé, d'où il pouvait contempler tout le paysage, entre les montagnes enneigées. Au cours de ce périple sans but, il fut parfois saisi d'angoisse et perdit souvent l'espoir de sortir vivant de cet étroit couloir entre des falaises de glace. Quand il finit par s'en échapper, il arriva dans une vaste plaine où les champs étaient couverts de moissons, entre de jolis villages, de riches villes et de fiers châteaux aux nombreuses tourelles. A l'embouchure de la rivière se dressait un port plein de bateaux. Le plus grand de ces bateaux avait un pont d'or aux bordures d'argent. La passerelle était de bois précieux et la rambarde incrustée d'ivoire. Le roi ne vit personne sur le bateau. Il n'y avait ni pavillon, ni équipage à qui demander à qui appartenait ce navire et où il allait. Il descendit donc de cheval et monta sur la passerelle avec curiosité. Il accéda au pont où le vent agitait les voiles, et le bateau s'éloigna de la berge pour gagner le large. Dans son rêve, le roi n'en fut pas étonné.

Au bout d'un moment, le navire accosta sur les rives d'un pays comme le roi de Rome n'en avait encore jamais vu. A l'horizon, des montagnes l'entouraient comme des remparts autour d'un jardin. Où que l'on regardât, s'élevaient des sommets. La rivière baignait une plaine verte comme une émeraude. Sur une colline, se dressait un château d'or, beau comme dans un rêve. Les portes s'ouvrirent devant le roi Maxime. Il traversa la cour et entra dans une vaste salle. Les murs étaient tendus de tapis précieux. Sur le pavé de pierres fines se dressaient des tables d'argent entourées de tabourets dorés sur lesquels étaient assis des joueurs. Sur les tables étaient posés des échiquiers d'or et d'argent. Personne ne prêta attention au nouveau venu. C'est alors qu'entra dans la salle une jeune femme blonde, habillée de blanc, plus douce et plus belle que la plus belle femme de Rome. Le visiteur la remarqua aussitôt.

«Bienvenue, cher seigneur», lui dit-elle pour l'accueillir, d'une voix pareille à celle d'une clochette d'or. En souriant, elle vint vers lui et le prit dans ses bras comme si elle l'avait longtemps attendu.

Mais les aboiements des chiens et les hennissements des chevaux réveillèrent le roi et l'éloignèrent de son rêve. Il ne put croire qu'il était là, gisant dans la clairière, au milieu de son escorte. Peu de temps auparavant, il était heureux comme il ne l'avait encore jamais été dans sa vie. A présent, il était désespéré de voir son rêve se dissiper comme une brume. Il se réinstalla sur son cheval, mais il ne le pressa pas d'avancer, et c'est lentement, au pas, qu'il rejoignit la ville.

A partir de là, le roi sembla oublier l'épisode de la clairière, mais son caractère changea comme s'il avait été ensorcelé, à tel point que ses proches eux-mêmes avaient du mal à le reconnaître. Autrefois, il était le plus gai des hommes de la cour. Maintenant, il ne se montrait que rarement parmi ses hôtes. Quand il y avait une fête et que tout le monde se réjouissait et dansait, seul le roi se taisait et retournait en silence à ses appartements. Il espérait que la belle femme lui réapparaîtrait en songe, car il ne pensait qu'à elle de jour comme de nuit. Malheureusement, il n'avait aucune idée où pouvait se trouver le pays où son rêve l'avait mené. Il ne savait comment le retrouver. Il croyait encore qu'un signe le guiderait et le conduirait vers ce château. Au bout d'un certain temps, le plus ancien conseiller du roi, qui avait été aussi conseiller et ami de son père, s'adressa à lui :

«Seigneur, tu nous inquiètes, tu es triste, tu ne remarques ni ce qui est bon, ni ce qui est mal, tu passes parmi nous comme si tu n'étais pas vraiment là. Dis-moi quelle maladie te frappe, nous y trouverons sans doute un remède.»

«Je ne suis pas malade, et même si je l'étais, il n'existe pas de remède à ce mal.»

«Comment peux-tu en être sûr? Nombreux sont les bons médecins à Rome, ils sauront lutter contre cette maladie qui te ronge. Mais dis-nous, quelle est-elle?»

«Bien, appelle donc tous mes autres conseillers. Je vais tenir séance avec eux pour savoir si l'on peut trouver un remède qui me rende la gaieté.»

Quand les conseillers venus de près et de loin furent rassemblés dans la salle royale, le souverain leur déclara :

«Mes seigneurs, vous avez toujours été pour moi de bons amis et de bons conseillers, alors écoutez-moi. Peut-être l'un d'entre vous pourra-t-il m'aider. Au cours d'une chasse, j'ai fait un songe plus vrai que nature.»

Et il raconta comment il avait trouvé la belle jeune femme dans le châ-teau doré et il ajouta pour finir : «Tant que je n'aurai pas retrouvé cette jeune fille blonde qui m'a accueilli dans cet endroit, je n'aurai de paix ni de jour ni de nuit et je ne serai plus un bon souverain ni un ami convena-ble.»

Les conseillers se réunirent. Ils hochèrent longtemps du chef avant que l'un d'entre eux, le plus ancien, ne se présentât à nouveau devant le roi :

«Seigneur, tu as voulu entendre notre opinion et nous avons convenu entre nous qu'il serait peut-être sage que tu envoies des émissaires aux qua-tre coins du monde, afin que, dans un an et un jour, ils aient trouvé le châ-teau doré dans cette étrange contrée où ton rêve t'a mené. Comme tu ne connaîtras pas le moment exact où ton envoyé reviendra avec l'heureuse nouvelle, tu entretiendras l'espoir de cet instant.»

Le roi ne trouva rien de mieux que d'obéir à ses conseillers et il envoya ses émissaires aux quatre coins du monde. Mais tout espoir était vain, car les envoyés rentrèrent bredouilles un an après et la tête basse. Ils avaient traversé en tous sens beaucoup de pays et n'avaient trouvé ni le château ni la belle jeune femme blonde. Le roi en tomba malade de désespoir. Il ne te-nait même plus à la vie puisqu'il ne devait plus jamais revoir la belle entre-vue dans son rêve.

Peu de temps après, son plus ancien conseiller revint lui rendre visite et lui dit :

«Seigneur, pourquoi te laisses-tu ainsi aller? Bien sûr, notre première tentative a été vaine . . . Le monde est vaste et nos envoyés ne savaient pas très bien où se rendre. Mais tu devrais à présent te transporter avec tes messagers dans le lieu où tu as eu ce songe. Sans doute bien des choses te reviendraient alors en mémoire et tu pourrais guider tes hommes par tes in-dications.»

«Bien», accepta le roi. L'espoir lui redonna des forces et il se mit en rou-te, à la tête de son escorte. Ils trouvèrent la clairière dans la montagne, où le roi s'était endormi et, peu de temps après, ils purent longer la rivière.

«Peut-être, cette fois, la chance ne m'abandonnera-t-elle pas?» soupira le roi. «Je me souviens que j'ai, dans ce rêve, remonté le cours de la rivière. Je l'ai suivi jusqu'à la source, haut dans les montagnes. Juste devant, il y avait un col entre des sommets enneigés. Là, il fallait passer entre de hautes falaises de glace.» Ainsi, peu à peu, le roi se rappela quel chemin il avait emprunté jusqu'au château doré.

Alors, la nouvelle délégation, avec en tête le plus ancien conseiller du roi, s'engagea sur le chemin qui remontait le cours de la rivière. Ils arrivèrent sains et saufs de l'autre côté des montagnes dans le royaume de France. Puis, au bord de la mer, ils aperçurent un navire qui ressemblait à celui que leur avait décrit le roi Maxime. Quand le dernier envoyé eut franchi la passerelle et atteignit le pont, les voiles se gonflèrent et le bateau s'éloigna vers le large. Il sembla voler sur les vagues, tandis qu'il se dirigeait seul vers le port, non loin de l'endroit où se dressait le château doré. Alors, les Romains purent voir de leurs propres yeux que le roi ne s'était pas trompé. Une assemblée les attendait. On les accompagna au château et ils atteignirent le seuil d'une vaste salle. Sur un pavé de pierres fines, se dressaient des tables d'argent, entourées de tabourets dorés. Sur ces tabourets étaient assis des joueurs, absorbés par leur jeu, et non loin d'eux, installé à une table d'or, un vieux roi sculptait des motifs dans un morceau d'or tendre et rouge. A ses pieds, se tenait la belle jeune fille blonde, fraîche comme un matin et resplendissante comme une image. Le plus ancien conseiller du roi comprit alors comment le roi avait pu perdre la tête à cause d'elle et garder devant les yeux la vision de son visage le jour comme la nuit.

Les envoyés se prosternèrent.

«Nous vous saluons, nobles seigneurs, et nous te saluons aussi, future reine de Rome», déclara le vieux conseiller aux maîtres des lieux.

«Messires», répondit la jeune fille blonde, «je vois que vous venez d'un pays lointain, aussi aimerions-nous vous accueillir comme il se doit. Dites-moi donc avant toute chose pourquoi vous vous moquez de moi.»

«Pardonne-nous, nous ne nous permettrions pas de nous moquer de toi. Nous avons franchi la moitié du monde comme nous l'a ordonné notre roi, afin de te retrouver. Il t'a vue dans un rêve, noble dame, et il n'a plus eu de repos, la vie lui sera indifférente tant qu'il ne t'aura pas revue de ses propres yeux. Alors, dis-nous si tu viendras avec nous jusqu'à Rome pour y devenir la reine de notre pays ou bien si notre roi devra venir te chercher jusqu'ici.»

«Seigneurs, je vous crois à présent lorsque vous dites que vous ne vous moquez pas de moi. Mais vous savez qu'un rêve est comme le vent, il s'évanouit. Qui sait si, en me revoyant, votre roi ne se demandera pas ce qui avait bien pu en moi le fasciner. Mais s'il m'aime autant que vous l'affirmez, qu'il vienne donc jusqu'ici.»

Les messagers se reposèrent dans le château doré. Ils se remirent d'un si long voyage. Ce faisant, ils apprirent que le roi de ces lieux se nommait Eudav, roi du Pays de Galles, respecté pour sa sagesse et son expérience par les souverains de bien des pays proches ou lointains. La jeune fille blonde était sa fille Helen et deux des joueurs d'échecs étaient ses fils Kynan et Edeon qui sortaient depuis peu de l'école.

Le lendemain, les messagers royaux prirent congé de leurs hôtes et rentrèrent chez eux. Ils n'eurent de repos tant qu'ils ne virent s'étendre leur ville à l'horizon.

Le roi Maxime les attendait impatiemment.

«Je vous remercie de ce que vous avez fait pour moi», déclara-t-il quand ils pénétrèrent dans la salle du trône. «Dites-moi vite si vous avez trouvé ma belle aux cheveux d'or dans son pays, de l'autre côté de la mer et ce qu'elle et son père vous ont ordonné de me dire. N'hésitez pas à me demander la récompense que vous estimez mériter. Mais si vous ne l'avez pas retrouvée, laissez-moi dormir, afin qu'elle puisse me visiter en songe.»

«Nous l'avons retrouvée, Seigneur», répondit le plus âgé des conseillers. «Nous allons la rejoindre avec toi bientôt. Nous repartirons en ta compagnie par les monts et les vallées, nous traverserons la mer, car telle est la volonté d'Helen, fille du roi du Pays de Galles. Elle est digne de vivre auprès de toi et aucun d'entre nous n'a jamais rencontré de femme mieux faite pour devenir reine de Rome.»

Après cette déclaration, le roi se mit aussitôt en route. Il retira auparavant du trésor royal les plus belles pierres précieuses qui s'y trouvaient, il fit emporter les mets les plus fins, les meilleures boissons et les meilleurs livres et surveilla lui-même leur emballage. Puis il entama le trajet de Rome au royaume de France. Quand ils arrivèrent au port, le bateau au pont d'or et à la balustrade d'argent les attendait pour les conduire jusqu'sur l'autre rive de la mer.

Le roi Maxime ne savait plus s'il devait rire ou pleurer de joie quand il vit scintiller sur les hauteurs le toit du château doré.

«J'ai bien vu ce pays en rêve!» s'écria-t-il. Ne pouvant attendre davanta-

[157]

ge, il se précipita vers la salle royale. Tout y était comme dans son rêve : sur le pavé de pierres fines se dressaient des tables d'argent, entourées de tabourets dorés sur lesquels étaient installés deux joueurs profondément absorbés par leur jeu d'échecs. Le vieux roi se penchait sur ses sculptures précieuses et la belle aux cheveux d'or leva la tête pour sourire aux nouveaux venus.

Notre roi s'adressa à elle d'une voix paisible :

«Je te salue, reine de Rome, et je vous salue aussi, Seigneurs!»

La jeune fille se leva pour venir à sa rencontre et s'incliner devant lui. Le roi Maxime se demandait s'il rêvait encore ou si cela se passait réellement.

Le lendemain, le roi Eudav dit à son futur gendre :

«Mon fils, j'ai une prière à te faire. Je me fais vieux et mes fils sont encore de jeunes garçons. Je serais heureux si, même après les noces, tu restais quelque temps ici et visitais mon pays de long en large pour te rendre compte par toi-même des lacunes de notre Pays de Galles. Tu nous dirais où il faudrait plus d'hommes d'expérience, où il manque des têtes pensantes... De cette façon nous maintiendrions mieux l'ordre et nos gens vivraient heureux et en paix. Tandis que tu accomplirais cette tâche, mes fils t'accompagneraient et apprendraient de toi tout ce qu'un bon roi doit savoir. Ainsi, je pourrais quitter ce monde le cœur léger, et toi tu rentrerais à Rome. En attendant, on a moins besoin de toi là-bas qu'ici.

Le roi Maxime accepta et, pendant sept ans, il visita le Pays de Galles. Il y combattit des ennemis à la tête de son escorte. Il y apaisa bien des esprits échauffés. Il y introduisit bien des nouveautés et enseigna à tous bien des choses. Bien souvent, il présidait un conseil de sages, puis il partait à la chasse ou à quelque autre amusement. Ainsi passaient pour lui les mois, plus rapides que de simples journées à Rome, auprès de la très belle Helen.

Comme le roi ne revenait pas, on choisit à Rome un nouveau roi. Celui-ci, fraîchement nommé, écrivit à Maxime une lettre où il lui disait qu'il était inutile pour lui de songer à revenir à Rome, sous peine d'y avoir à combattre. Et il confia la lettre à un rapide messager. Quand le roi Maxime en eut pris connaissance, il en frémit de colère. Il s'assit à sa table et écrivit à son tour une lettre plus brève où il disait sans ménagement que l'usurpateur ne régnerait pas longtemps et qu'il perdrait la vie bientôt.

Le jour même, le roi Maxime réunit ses plus fidèles conseillers, saisit la

main de la belle Helen, prit congé du vieux roi et de ses beaux-frères et prit le bateau pour le royaume de France. Il traversa montagnes et vallées et put bientôt dresser son camp devant les remparts de Rome. La terreur régnait dans la ville. Personne n'osait ouvrir les portes au roi Maxime pour l'accueillir comme il se devait après un si long voyage. Le siège dura un an, car le roi Maxime ne voulait pas employer la force et faire se battre le frère contre le frère. La nouvelle de cet événement parvint jusqu'au Pays de Galles. A partir de cet instant, les deux jeunes princes Kynan et Edeon ne connurent pas de repos tant qu'ils n'eurent pas réuni une armée suffisante pour aller porter secours à leur beau-frère et à leur sœur. Leurs soldats n'étaient pas nombreux mais fort bien entraînés et capables de combattre chacun une dizaine d'ennemis.

Un soir, au crépuscule, les soldats semblèrent pousser comme des champignons sous la pluie non loin du camp de Maxime.

«De qui s'agit-il?» s'inquiéta le roi.

«Il me semble que ce sont mes frères qui nous viennent en aide», se réjouit la reine.

A l'aurore, elle bondit sur un cheval et s'en alla vérifier si ses yeux ne lui avaient pas menti et si elle avait bien aperçu des troupes galloises aux alentours du camp. Inutile de dire la joie que les frères et la sœur éprouvèrent à se retrouver sains et saufs.

«Beau-frère, conduis-nous dans un endroit d'où nous pourrons voir ce qui se passe dans la ville et chez les soldats romains», demandèrent-ils à Maxime quand il les eut accueillis.

Le soir, les frères rentrèrent au campement très joyeux comme s'ils avaient déjà remporté la victoire. Quand l'obscurité fut tout à fait tombée, on édifia des fortins et on creusa des fossés autour des remparts de la ville, puis on envoya d'habiles bûcherons et charpentiers dans la forêt toute proche avec l'ordre de confectionner une échelle pour chaque soldat. Cependant, Maxime hochait la tête dubitativement.

«Tu sais, beau-frère», dirent les princes en souriant, «nous avons vu une chose étrange dans cette ville. Et cela nous a réjouis. A midi, quand vous autres Romains dormez après avoir bien déjeuné, tous les coins de la ville s'apaisent curieusement. Les soldats eux-mêmes somnolent, ainsi que leurs capitaines. C'est cet instant-là qu'il nous faut saisir pour nous emparer de la ville. Et nous ne devons pas perdre de temps.»

Au matin, les Gallois reprirent des forces en mangeant copieusement, puis ils se contentèrent d'attendre. Quand le soleil marqua midi dans le ciel, les gens de Maxime s'étendirent pour la sieste. La rumeur du camp s'apaisa et le silence s'installa. Sous les remparts, les soldats gallois préparèrent les échelles. Ils les posèrent contre la muraille et y grimpèrent comme des singes. Les soldats romains, brusquement tirés de leur somme, ne savaient plus où donner de la tête ni où se cacher et bientôt, la ville tomba aux mains des assaillants. Le soir, ils occupaient toute la ville.

«Cher beau-frère, roi de Rome, nous te rendons ta ville. Gouverne-la de nouveau paisiblement dans toute la majesté de ton règne», déclarèrent les deux princes de Galles le lendemain dans le camp de Maxime.

Le roi Maxime et sa femme remercièrent de tout cœur les jeunes héros et la joie éclata dans le camp. A l'intérieur de la ville libérée, on accueillit les

vainqueurs avec des fleurs. Le vin coula à flots et, à chaque porte, on installa des broches qui dégagèrent de bonnes odeurs de viandes rôties.

Enfin, les deux princes prirent congé de leur sœur et de leur beau-frère. Maxime leur demanda :

«Dites-moi franchement, mes sauveurs, pourquoi êtes-vous allés seuls au combat en me laissant me reposer au camp comme si j'étais un vieillard incapable de tenir une épée.»

«C'est seulement parce qu'il ne s'agissait pas d'une tâche digne de toi», répondit le prince Kynan. «Devant toi, les portes de la ville devaient s'ouvrir librement. Et c'est bien ce qui s'est passé. Les gens t'ont accueilli avec des chants, des fleurs et du vin et non en brandissant des armes.»

«Vous avez libéré notre ville et nous vous serons éternellement reconnaissants», dit encore le roi Maxime. «Veuillez accepter en signe de respect et d'amour fraternel le don de mon escorte. Elle m'a fidèlement servi pendant de longues années, que ce soit ou non sur les chemins, et elle vous servira tout aussi bien.» Là-dessus, ils se séparèrent.

Qui sait combien de temps Kynan et Edeon visitèrent des contrées étrangères? Ce que l'on sait, c'est qu'ils n'y accomplirent que des faits honorables. Ils mirent leur épée au service de la croix et de la bonne parole jusqu'au jour où Edeon fut saisi d'une telle nostalgie de son pays qu'il ne put y résister.

«Mon frère, nous avons assez voyagé et fait notre apprentissage du monde, rentrons à présent chez nous.»

Kynan se contenta de secouer la tête.

«Nous sommes bien ainsi. Il ne nous manque rien. Notre père est encore en vie et n'a pas besoin de nous à la maison.»

Pour la première fois de leur existence, les deux frères décidèrent de se séparer. Pour longtemps, ils prirent des routes différentes. Edeon et son armée prirent le bateau et rentrèrent chez eux, dans le château doré. Après la mort du vieux roi, il devint un puissant souverain du Pays de Galles et la renommée de sa gloire s'étendit dans le monde entier. Kynan demeura là où son cœur l'appelait et, désormais, cette terre se nomma Bretagne. Quant au roi Maxime et à la reine Helen, ils vécurent heureux à Rome jusqu'à la fin de leur vie. Aucune reine ne put jamais se comparer à Helen aux cheveux d'or. Sa beauté et sa bonté rayonnaient comme des pierres précieuses serties dans de l'or. Tant que le roi Maxime régna, il exista entre son royaume et le Pays de Galles des relations privilégiées et, quand les Romains rencontraient les Gallois, leurs épées s'abaissaient et rentraient dans leurs fourreaux.

Comment les korrigans
mirent leurs trésors au sec

En des temps très anciens il existait un peuple de lutins, les korrigans, comme on les nommait en Bretagne dans les maisons paysannes et même dans les nobles châteaux. Ils se glissaient la nuit par la cheminée et par les fentes des murs pour venir aider les braves gens qui les remerciaient en leur donnant de la nourriture et du lait. Entre-temps, ils faisaient des choses inhabituelles.

La nuit, ils semaient à pleines mains sur le rivage des morceaux d'or venant de trésors souterrains. Les gens les recherchaient. Ils se précipitaient pour ramasser tant bien que mal tous les morceaux qu'ils pouvaient trouver, même dans les endroits les plus inaccessibles dans les recoins des rochers où même les oiseaux n'osaient aller nicher. Ou bien, ils ratissaient le sable et se réjouissaient comme des enfants pour chaque grain d'or récolté dans leur panier ou leur sac. Quand ils avaient amassé ce que bon leur semblait, ils rentraient chez eux, fermaient portes et fenêtres afin que personne ne puisse voir ce qu'ils avaient eu la chance de collecter, puis ils vidaient leurs paniers et leurs sacs sur la table et avaient la stupéfaction de constater que le contenu n'était composé que de pierres et de sable humides. Alors, ils entendaient soudain dans la cheminée une sorte de ricanement, comme si le peuple des lutins s'étouffait de rire. Les pauvres gens, déçus, se contentaient de soupirer :

«Aïe! Comme si nous avions besoin de cela! L'or des korrigans ne vaut rien!»

Pourtant, les braves gens qui conservaient la foi en les korrigans et continuaient à bien prendre soin de leurs vaches et de leurs chevaux, étaient récompensés par du bon or trébuchant et sonnant.

Ainsi, les korrigans et les hommes vécurent-ils en bonne harmonie jusqu'au jour où une grande misère s'abattit sur tout le pays. Les pauvres gens n'eurent bientôt plus rien à se mettre sous la dent. Les plus riches vendirent leurs plus belles vaches et leurs plus beaux chevaux en échange d'ânes, car ces animaux ne se nourrissaient que d'épines et de chardons et qu'ils étaient capables de porter de si lourdes charges qu'ils semblaient ployer sous elles quand ils se traînaient sur les routes et les sentiers. De cette façon, les gros propriétaires arrivaient à survivre. Mais les korrigans — Dieu seul sait pourquoi — n'aimaient pas les ânes et ne remettaient plus les pieds dans les fermes où il y en avait. Ils ne prenaient plus soin des vaches. Le lait diminuait et tout le monde s'en plaignait. Le pire était chez les pauvres, comme toujours, quand il ne leur restait plus rien d'autre à faire que de vendre leur unique vache ou leur unique cheval contre un malheureux sou. Alors, la faim les assaillait et ils étaient réduits à la mendicité.

«Il ne nous reste plus qu'à aller tendre la main!» soupira le fermier Le Calvez comme ses autres voisins. «Rien ne peut nous sauver si je ne vends pas demain notre petit cheval au marché.»

«Père, nous survivrons avec notre petit cheval. Tu sais que je l'emmène à la pâture la nuit et que le jour nous glanons tous deux au moulin et dans les grandes propriétés. Sans lui, notre situation serait encore pire!» protesta l'aîné des garçons.

En silence, le fermier garda la tête dans ses mains tandis que le jeune homme reconduisait le cheval à l'écurie, le cœur lourd. Il ne ferma pas l'œil de la nuit. Il alla chercher çà et là une maigre pâture. Au matin, il prit le petit cheval par la bride et le conduisit lentement à la maison. Il s'arrêta soudain au pied d'un vieux château comme si ses jambes s'étaient soudain collées au sol. Sur le pré où tombaient les premiers rayons du soleil, brillait de l'or éblouissant. Les korrigans venaient d'extraire un trésor des profondeurs de la terre et le faisaient sécher au soleil du matin.

«Que veux-tu, mon garçon? Pourquoi restes-tu planté là?» cria soudain un des petits lutins.

«Rien, rien, je reconduis mon petit cheval à l'écurie», fit le garçon effrayé. «Mais si vous me donniez seulement un tout petit peu de cet or afin que nous ne soyons pas obligés de vendre cet animal, nous vous en serions éternellement reconnaissants», eut-il l'audace d'ajouter en regardant le merveilleux trésor.

Les korrigans l'examinèrent de la tête aux pieds et des pieds à la tête.

«D'accord», accepta l'un des korrigans, «mais surtout ne le vendez pas pour acheter l'un de ces maudits ânes!»

A l'aide d'un râteau, il fit un tas avec les pièces d'or, puis il le versa dans les poches du garçon.

Inutile de décrire la joie qui régna dans la ferme des Le Calvez. Le paysan et son fils allèrent au moulin avec de l'or et ils achetèrent de la farine tandis que la fermière préparait le four pour y faire cuire le pain.

Quand il vit l'or entre les mains de Le Calvez et le cheval devant la porte, le meunier secoua la tête.

«D'où tiens-tu cet or, alors que tu n'as pas vendu ton cheval?» grommela-t-il, «qu'as-tu donc fait cette nuit?»

Les Le Calvez ne désiraient rien dissimuler et le jeune homme raconta comment il était entré en possession de cet or. Une nouvelle fois, le meunier secoua la tête. Il traita bien les Le Calvez. Puis, la nuit, il retint avec peine son impatience. A l'aurore, tandis que le coq chantait pour la troisième fois, il attendait déjà au pied du vieux château, en compagnie de son cheval, avec deux grands sacs sous le bras, au cas où les korrigans se montreraient avec leur trésor. Cette fois, ils sortirent de terre comme des fourmis, portant de lourds sacs et de lourds paniers dont, chose étonnante, la charge ne les faisait pas se courber. Le meunier en avait le souffle coupé. Alors, les lutins s'arrêtèrent et le plus âgé des korrigans, aux cheveux blancs comme du lait, s'écria avec colère :

«Que veux-tu? Pourquoi restes-tu planté là et ne nous laisses-tu pas travailler en paix?»

«Oh! Je ne veux rien!» protesta le meunier, «mais si vous me donniez un peu d'or, cela allégerait notre misère à tous.»

A ces mots, le korrigan se mit en rage. Ses yeux étincelèrent.

«Comment oses-tu nous mentir et nous dire que la misère te tourmente? Mais attends donc, nous allons te donner autant d'or que tu pourras en transporter!»

Avant que le meunier n'ait pu réagir, ils abattirent sur son dos un gros gourdin et le battirent comme plâtre, au point qu'il eut du mal à se tenir encore sur ses jambes.

Puis ils chassèrent son cheval et remplirent les deux sacs avec des pierres. Ensuite ils les jetèrent sur ses épaules et le renvoyèrent chez lui ainsi chargé.

Péniblement, battu et à demi mort, le meunier atteignit le moulin. Il ne

réussit pas à se décharger en chemin de ses sacs. C'était comme s'ils lui avaient été greffés sur le dos. Une semaine durant, il ne put se lever de son lit et depuis ce jour il ne s'occupa plus que de son moulin.

Cependant, à la ferme des Le Calvez, on ne connut plus jamais la misère. Chaque nuit, les korrigans menaient le petit cheval à la pâture. Ils montaient dessus, s'en occupaient et le bouchonnaient si bien que sa robe ressemblait à de l'or rouge. Ensuite, ils buvaient du lait en se régalant de petits pains frais et en se léchant les babines jusqu'aux oreilles. Pas étonnant dans ces conditions que le jeune Le Calvez devînt en peu de temps le plus riche propriétaire de chevaux de tout le pays et que la chance lui sourît pour tout le restant de sa vie.

Digitalin et les lutins

Dans une paisible vallée, un peu en haut du village, vivait un pauvre vannier. La misère ne l'inquiétait guère car il avait des mains habiles et pratiquait bien son métier. Personne alentour ne savait mieux que lui tresser de belles corbeilles, des paniers, des berceaux, des tabourets et des ruches avec des joncs et de la paille. Ce qui l'ennuyait plus, c'était la bosse qu'il avait sur le dos depuis qu'enfant il avait roulé dans un grand escalier.

Les gamins le montraient du doigt et ne le nommaient plus que Digitalin, car il portait en été à son chapeau un brin fleuri de digitale dont les clochettes rouges dansaient ridiculement au-dessus de sa tête. Mais certains avaient peur du bossu. Ils disaient que les clochettes de la digitale servaient de chapeaux aux sorcières et qu'il fallait se méfier du vannier qui ne portait sans doute pas cette fleur à son chapeau sans raison. Ils faisaient ainsi tort à ce brave homme qui, en vérité, n'aurait pas fait de mal à une mouche.

Plus d'une fois, les cris des enfants blessèrent le vannier. Alors, il ne se rendait plus au marché qu'à l'aurore et n'en rentrait que tard le soir, quand les fripons dormaient.

Un jour qu'il rentrait ainsi du marché en pleine nuit, un peu avant d'arriver au village, il coupa à travers champs. Le va-et-vient de la ville et la longue route l'avaient tant fatigué que ses jambes pouvaient à peine le porter. Il dut sauter par-dessus un ruisseau desséché qui s'emplissait d'eau les jours de pluie. A cause de cette humidité, il y poussait une herbe fraîche, même en plein été. Pas étonnant que le pauvre vannier fatigué ait eu envie de s'y reposer. Il s'assit donc, le menton posé sur ses genoux repliés et il regarda tristement se lever la lune. Sur ces entrefaites, il entendit s'élever du fossé une douce musique. Tout d'abord, il lui sembla qu'elle allait en diminuant. Puis il l'entendit clairement comme si elle s'échappait des roseaux, avec les accents d'une joyeuse chanson. Il tendit l'oreille et il eut l'impression de n'avoir jamais rien entendu de pareil dans toute sa vie. Un grand nombre de voix répétait sans arrêt ces mots :
«Lundi, mardi,
Lundi, mardi...»
Mais il les répétait de toutes les façons, une fois rapidement, une fois lentement, et quand il avait répété cela assez longtemps, il reprenait la chanson et répétait encore : «Lundi, mardi...» Il se taisait un instant et reprenait encore.

Notre brave vannier prit son souffle pour entonner la chanson. Il commença doucement à murmurer puis il n'y tint plus et l'entonna à pleine voix alors que les autres s'arrêtaient :
«...Et mercredi
et jeudi...»

Quand les chanteurs souterrains l'entendirent, ils se réjouirent vivement comme si le jeune homme venait de les soulager. Ils jaillirent de terre, entourèrent le garçon, l'applaudirent, l'acclamèrent en bondissant et l'attirèrent sous terre afin qu'il vînt prendre part à leur fête et profiter de leur chanson. Le vannier ne résista pas et ils l'entraînèrent aussi vite que le vent dans leur palais souterrain. C'était la merveille des merveilles. Il y brûlait mille lumières, le palais entier était d'or et d'argent scintillant à vous en rendre aveugle. Les lutins étaient habillés de soie et portaient des bonnets rouges sur la tête ressemblant aux clochettes de la digitale. Ils invitèrent le jeune homme à prendre place à une table où ils lui servirent des mets raffinés et des boissons du monde entier. Quand il leur sourit, ils entonnèrent un chant. Le vannier se joignit à eux et, quand on en arrivait à «Lundi, mardi», il poursuivait à haute voix : «...et mercredi et jeudi». Même le plus âgé des lutins ne se souvenait pas de s'être jamais autant amusé. En fin de compte, le roi des elfes — c'est ainsi que ces lutins se nommaient — remercia en personne notre vannier d'être venu leur rendre visite et il lui demanda s'il avait un désir particulier qu'ils puissent réaliser.

«Je ne souhaite qu'une seule chose, mais elle est d'importance», répondit le vannier.

«Dis-nous franchement ce que c'est», insista le roi des elfes.

«Je voudrais me débarrasser de ma bosse!»

Alors, le roi des elfes donna une tape sur la bosse du garçon, et tous les autres elfes en firent autant. Après chaque tape, le jeune homme avait l'impression d'être plus léger. Il regarda près de lui et vit que sa bosse gisait à présent à ses pieds. Il cligna des yeux, car il avait l'impression de vivre un rêve. La tête lui tourna de bonheur et il sombra bientôt dans un profond sommeil.

Ce fut la clarté du soleil qui réveilla Digitalin. Il reprit conscience et bondit sur ses pieds quand il s'aperçut qu'il avait dormi dans l'herbe, au bord du fossé. Mais il bondit encore plus, quand il vit qu'il n'avait plus son affreuse bosse! Il sauta de joie, franchit le fossé comme un gamin et se mit à courir. Il n'arrivait pas à croire qu'il était à présent en bonne santé et plus droit qu'une planche. Les gens le regardaient sans en croire leurs yeux. Le Digitalin bossu était maintenant un jeune homme élancé, un des plus charmants qui existât au village. Beaucoup ne le reconnaissaient même pas.

Jeunes et vieux firent cercle autour du vannier. Chacun voulait toucher son dos. Le jeune homme finit par avoir peur que cette bousculade ne fît réapparaître sa disgrâce. Mais rien ne se passa et il s'en alla boire un coup en compagnie de ses voisins.

La nouvelle de l'événement gagna tout le pays. Seigneurs et valets, pauvres et riches ne parlaient que de cela bien que certains eussent encore quelque doute.

Un jour, alors que le vannier travaillait devant sa chaumière en sifflotant, apparut une vieille femme inconnue qui lui demanda de la conduire auprès du jeune homme qui était autrefois bossu.

«C'est moi», répondit le vannier.

La vieille le considéra plusieurs fois des pieds à la tête comme si elle craignait qu'il ne fût un plaisantin. Puis elle lui confia le but de sa visite. Le fils unique de sa fille était lui aussi bossu et cela causait à sa famille beaucoup de soucis. Si le jeune homme acceptait de lui dire comment il s'était débarrassé de sa disgrâce, elle lui promettait de lui donner toutes ses économies.

«Je n'ai nul besoin de votre argent et j'accepterai de dire gratuitement à qui le voudra ce qui m'est arrivé.»

Le brave vannier conta alors toute l'affaire du début à la fin. La femme le remercia et rentra chez elle, afin de conduire au plus vite son petit-fils à l'endroit où le vannier avait entendu le chant des lutins.

Mais ce bossu-là n'avait pas seulement un vilain dos mais également une vilaine âme. Quand il apprit qu'il devait se rendre aussi loin, il tempêta et se plaignit jusqu'à ce que les deux femmes le mettent dans une charrette et le traînent elles-mêmes au bord du fameux fossé. Il était indifférent à leur fatigue. Il demeurait assis dans son véhicule, se gavant de pain et de lard fumé. Quand il entendit le chant, il se mit à grogner et à brailler si fort et si mal que les elfes en furent effrayés. Puis il se calma et entendit encore le doux chant venant des profondeurs de la terre. En effet, les lutins chantaient encore mieux que le jour où le vannier les avaient écoutés, car leur chanson était plus longue qu'auparavant. Ils entonnaient de tout leur cœur :

«Lundi, mardi, et mercredi, et jeudi...»

Quand la chanson était finie, ils recommençaient.

Alors, l'impatient bossu ne put y résister et se mit à hurler :
«Vendredi, samedi, dimanche!»

Sans doute pensait-il que plus fort il braillerait, plus les elfes se montreraient généreux et ne se contenteraient pas de lui ôter sa bosse, mais aussi de lui offrir de nouveaux vêtements, de l'or et de l'argent.

Mais le chant cessa à l'instant même comme si la vilaine voix du bossu avait brisé les cordes vocales des chanteurs. Les lutins sortirent en hâte de dessous terre et entourèrent le visiteur. Mais ils ne lui proposèrent pas de venir prendre part à leur fête ni de se joindre à leur chœur, ils ne lui offrirent pas des mets choisis et des boissons de tous les coins du monde.

«Que veux-tu, gêneur? Pourquoi cries-tu ainsi la nuit et troubles-tu notre fête?» se fâchèrent-ils.

«Ne plaisantez pas, c'est vous qui criez, pas moi!» protesta le méchant. «Vous croyez que c'est agréable d'entendre votre : lundi, mardi, mercredi, et jeudi sans entendre citer la fin de la semaine?»

Alors, les elfes se fâchèrent tout de bon. Les dix plus forts d'entre eux retournèrent sous terre pour y chercher la bosse du vannier. Ils la portèrent au-dessus de leurs têtes et la déposèrent sur le dos du malheureux qui désormais, au lieu d'une bosse, en eut deux.

Au matin, des gens le trouvèrent plus mort que vif au bord du fossé. Ils le transportèrent chez lui et, pendant tout le trajet, ils supplièrent les elfes et même le brave vannier Digitalin d'arranger les choses.

Mais il n'y avait rien à faire : ce qui était fait était fait.

Comment Janet combattit la reine des elfes

Il y a très longtemps, les elfes ne se contentaient pas de vivre sous terre. Ils se rendaient aussi dans des endroits reculés afin d'y chanter, d'y danser et même de s'y régaler à des festins. En ces temps-là, ils possédaient même leurs propres montagnes et leurs propres prairies que les pas humains n'avaient jamais foulées. Afin de se protéger des importuns, ils employaient des soldats qui gardaient les frontières de leur domaine. Les gens craignaient beaucoup ces gardiens, car ils punissaient sévèrement les cu-

rieux. Pour un rien, ils les traînaient vers les marécages où ils les laissaient tremper quelque temps, ou bien ils les habillaient d'épines qui leur déchiraient la peau. Personne ne pouvait prévoir ce qu'ils étaient capables d'inventer pour protéger leurs maîtres souterrains. Parfois, les elfes se laissaient attendrir par de belles paroles ou des chansons, mais pas leurs gardiens.

Pas étonnant dans ces conditions qu'il y eut peu de gens assez braves pour s'aventurer dans les forêts de Carterhaugh, car elles servaient de lieu de réunion aux elfes du monde entier.

Un jour pourtant, la belle Janet du château voisin se perdit dans cette forêt. Elle y entendit des bruits de clochettes. Elle atteignit une clairière et vit qu'il y poussait un églantier en fleurs. Elle courut vers lui et en cueillit une branche à trois fleurs. Mais ses jambes se dérobèrent sous elle quand elle entendit derrière elle s'élever une voix sévère qui la réprimandait comme personne ne l'avait encore fait jusque-là :

«Hé! Fillette! Qui t'a permis de cueillir des fleurs dans la montagne des elfes?»

«Pardonnez-moi, je n'étais au courant de rien.»

«C'est ce qu'on dit. Je suis le gardien de cette montagne. Je veille de jour comme de nuit à ce que personne n'en trouble l'ordre», dit le jeune homme d'une voix plus douce.

Il ne pouvait détourner son regard de la belle Janet.

«Ne crains rien, je ne te ferai aucun mal», ajouta-t-il un moment après. Il rompit trois branches fleuries et les offrit à la jeune fille.

«Dis-moi qui tu es et comment tu te nommes?» demanda Janet avec plus de courage. «Je crois savoir que les autres soldats au service des elfes sont différents de toi.»

«On m'appelle Tam et je suis le gardien de cette montagne. Et toi, comment te nommes-tu?»

«Janet. J'ai quitté le château pour une promenade en forêt et je me suis perdue. Ne me punis pas, Tam», supplia-t-elle, «je n'ai rien fait de mal. J'ai déjà entendu parler de toi. Tu es le plus glorieux des chevaliers de la reine des elfes.»

Du coup, il se mit à rire.

«Ne crains rien, je n'ai pas l'intention de te nuire. Je ne le pourrais pas, même si je le voulais. Prends cette fleur. Je ne suis pas un elfe, je suis né ici, comme toi.»

La jeune fille en resta muette de surprise. Alors, le jeune homme lui raconta que ses parents étaient morts quand il était encore très jeune et qu'il avait été élevé par son grand-père. Quand il avait atteint l'âge de douze ans, son grand-père lui avait donné l'autorisation longtemps attendue de prendre part à une chasse. C'était par un froid matin d'hiver, et il lui devint vite très pénible de suivre la troupe des chasseurs. Personne ne se rendit compte qu'il prenait du retard et il finit par tomber de cheval car le vent du nord soufflait si fort qu'il lui était devenu impossible de tenir les rênes entre ses mains gelées. Quand il reprit conscience, il était au royaume des elfes. Leur reine l'y avait emmené après l'avoir trouvé, gisant sous un arbre.

«Depuis ce jour, je suis en leur pouvoir. Je ne puis retourner parmi les gens ordinaires et je n'obéis plus qu'aux ordres de leur reine», ajouta Tam.

Janet joignit les mains. Elle n'avait jamais fait l'expérience du mal en ce monde.

«Il existe sans doute un moyen de te délivrer, dis-moi vite lequel!»

«Il est difficile, très difficile, de briser le pouvoir des elfes. Celui qui le tenterait s'exposerait à de graves dangers», soupira le jeune homme, «inutile d'y songer!»

Mais la jeune fille était résolue à tout, d'autant plus que Tam ajouta :

«Aujourd'hui, à minuit, je pourrais être délivré si quelqu'un de courageux le tentait. Toute la cour de la reine montera à cheval. Nous traverserons la forêt pour nous rendre au castel abandonné afin d'y saluer l'arrivée de l'été. Si personne ne m'aide à ce moment-là, je resterai une année de plus au pouvoir de la reine et il n'y aura aucune force au monde capable de m'en délivrer.»

Janet n'eut pas besoin d'en entendre davantage. Mais elle voulut en savoir plus sur ce qu'il fallait faire pour délivrer le jeune homme.

Tam la prit par la main.

«Tu n'es pas de taille à affronter les horreurs dont les elfes se servent pour terrifier les gens. Seul quelqu'un n'ayant peur de rien au monde pourra me tirer de leurs mains et briser le pouvoir de la reine.»

«S'il ne s'agit que de cela», fit Janet en souriant, «je peux te jurer que je n'aurai peur de rien au monde si tu me dis ce que je dois faire.»

En un instant, Tam révéla à la jeune fille tout ce qu'il savait sur les elfes.

«Si tu désires me délivrer, tiens-toi à minuit à la croisée des chemins. Tu entendras arriver les chevaux des elfes. En tête du cortège, seront la reine et sa cour. Ne leur prête pas attention, mais ne te montre pas à elles. Ne prends pas garde non plus au second groupe de cavaliers mais, quand arrivera le troisième, fais bien attention! Je serai avec eux sur un cheval blanc comme neige et tu me reconnaîtras grâce à un bandeau d'or. Lorsque j'arriverai près de toi, n'hésite pas ou il sera trop tard. Bondis vers moi, saisis mon cheval par la bride, fais-moi glisser de ma selle et prends-moi dans tes bras et il arrivera ce qui doit arriver. Mais tu n'auras pas le droit de crier, ni même de prononcer un mot, sinon tu ne réussiras pas à me délivrer.»

Minuit était encore loin que déjà Janet attendait à la croisée des chemins. Le froid la crispait, la peur la tenaillait, mais elle ne bougeait pas, comme plantée en terre, de façon à ce qu'aucun bruit ou aucun froissement de feuille ne la trahît.

Bientôt, elle entendit au loin le piétinement des chevaux et elle put apercevoir le scintillement des selles d'argent et des rênes des chevaux. La reine, vêtue de soie verte, se tenait fièrement à la tête de son cortège d'elfes. Janet retint son souffle afin qu'on ne la remarquât pas. Elle ne broncha pas non plus quand passa le deuxième groupe de cavaliers. Mais déjà s'avançait le troisième au milieu duquel marchait un cheval blanc comme neige monté par un cavalier couronné d'or. Alors, elle se détacha de la pénombre pour avancer dans la clarté de la lune. Elle bondit, saisit la bride du cheval blanc, puis elle fit tomber le cavalier de sa selle et le prit dans ses bras.

Une rumeur de colère gronda de tous côtés comme si l'on battait soudain sur des tambours : «Tam!Tam!Tam!»

La reine des elfes fit tourner son cheval et s'avança vers Janet. Elle la considéra d'un œil noir et la jeune fille se pétrifia d'horreur quand elle s'aperçut qu'elle serrait contre elle un lézard à la place du jeune homme. Elle n'eut pas le temps de se remettre de cette surprise que le lézard se transforma en serpent venimeux. Le reptile lui glissa des doigts et Janet dut se mordre les lèvres pour ne pas laisser échapper un cri quand la reine transforma le jeune homme en charbon ardent. Des larmes de douleur jaillirent des yeux de la jeune fille et ces larmes éteignirent peu à peu la source de chaleur.

Alors, la reine des elfes comprit que Janet l'avait vaincue et qu'elle avait brisé son pouvoir sur Tam. Et ce dernier redevint aussitôt un charmant jeune homme.

Une dernière fois, la reine lança une furieuse œillade à Janet et à Tam, mais elle ne pouvait plus leur faire de mal. Elle se contenta alors de leur crier :

«Hé! Tam! Pars avec ta Janet, tu es libre à présent. Si j'avais pu imaginer que Janet aurait eu l'audace de venir dans ma montagne et d'y emmener mon chevalier préféré, je l'aurais fouettée de mes propres mains avec des chardons, je lui aurais arraché les cheveux et l'aurais transformée en monstre. Mais il est trop tard, alors allez-vous-en! Et ne reparaissez jamais plus devant moi!»

Là-dessus, elle fit avancer sa monture, elle prit le cheval blanc de Tam par la bride et s'éloigna au galop avec les autres cavaliers. L'herbe ne fut même pas froissée par leur passage, ni aucune branche rompue. Ils avaient disparu comme un brouillard matinal au lever du soleil.

A partir de ce jour, la courageuse Janet et Tam vécurent heureux et leurs enfants et les enfants de leurs enfants racontèrent plus d'une fois cette aventure.

La princesse du château enchanté

Il y a longtemps, très longtemps, vivait un prince irlandais. Quand vint pour lui le temps de prendre épouse, comme l'y incitaient beaucoup de ses conseillers, il partit vers l'est du monde, car c'est là qu'il désirait trouver une princesse. Personne ne sait si une certaine beauté l'attirait déjà en ces lieux ou s'il s'y rendait sur la recommandation d'un de ses conseillers. Lui seul savait la raison de son entreprise. Il voyagea longtemps avant de trouver celle qui l'attendait. Mais de dures épreuves le guettaient.

La belle princesse habitait un château situé au sommet d'une immense falaise et, autour du château, de jour comme de nuit, tournaient d'énormes

roues. Personne ne pouvait entrer dans le château tant que ces roues tournaient.

Le prince irlandais arriva au pied de la forteresse, il en fit le tour et l'examina de tous côtés. Puis il secoua la tête :

«Pourquoi suis-je venu jusqu'ici?» soupira-t-il tristement. «Pourquoi ai-je accompli un si long voyage, alors que je ne puis entrer dans ce château et y réjouir mes yeux de la vue de ma belle princesse?»

Il allait s'en retourner quand un volet s'ouvrit sur un mur de la forteresse. Le prince leva la tête et aperçut la plus belle jeune fille qu'il eût jamais vue. Il n'avait même jamais rêvé en rencontrer une aussi belle. Il s'agissait de la fille du roi de l'est du monde. Elle vivait avec ses servantes dans une tour protégée par ces énormes roues tournantes. Le roi les avait faites installer là afin que personne ne puisse atteindre sa fille, tant qu'il n'aurait pas lui-même donné l'autorisation qu'elle se mariât avec le puissant souverain voisin. Mais ce souverain voisin ne se contentait pas d'être riche et puissant. Il était aussi vieux et repoussant et la princesse ne voulait pas de lui pour époux.

Tristement, la princesse contempla le prince d'Irlande. Quand leurs regards se rencontrèrent, le prince se figea sur place comme s'il avait pris racine en cet endroit.

Au bout d'un long moment, il dit :

«Je retourne en Irlande, mais je te promets de ne pas avoir de repos tant que je n'aurai pas trouvé dans mon pays un enchanteur assez puissant pour arrêter le mouvement de ces énormes roues. Mais je te demande de me faire le serment de m'attendre jusque-là.»

«Il n'existe pas de semblable enchanteur en Irlande», dit une voix près du prince. Celui-ci se retourna et aperçut à ses côtés un maigre vieillard.

«Penses-tu?» protesta-t-il. «Il existe beaucoup d'enchanteurs en Irlande.»

«Tu as peut-être raison, mais je te dis pourtant qu'à part le roi de l'est du monde, il n'y a qu'un seul homme pour savoir comment arrêter ces roues. Et il ne se trouve pas en Irlande.»

«Qui est-ce? Où le trouverai-je?» demanda le prince.

«Tu n'auras pas besoin de le chercher. C'est moi», répondit gravement le vieillard.

«Et qui es-tu?» insista le prince.

«Que t'importe? Autrefois, je fus l'ami du roi de l'est du monde. Nous ne nous sommes pas rencontrés depuis bien longtemps, mais nous avons eu le même maître en sorcellerie. Je l'ai toujours surpassé par mes pouvoirs, et je pense le faire encore aujourd'hui en empêchant ces énormes roues de tourner, si tu me le demandes.»

«Je t'en prie, arrête-les!» supplia le prince d'Irlande. «Et de surcroît, je te prie de m'apprendre qui tu es, afin que je sache à qui donner ma gratitude et ma récompense.»

«Je suis le puissant enchanteur Thuraoi, d'Irlande. Et je ne désire rien en récompense, si ce n'est l'autorisation de prendre dans ce château ce que bon me semblera.»

«Je te remercie de ton aide, mais ce château n'est pas à moi», répliqua le prince.

«Cela n'a pas d'importance», s'écria la princesse de sa fenêtre, «cher Thuraoi, si tu nous aides à arrêter ces roues et à faire entrer le prince dans ce château, tu pourras y prendre tout ce que tu voudras. Tout ce qui t'y plaira sera à toi.»

«Vous me le promettez tous deux?» insista Thuraoi.

«Nous le promettons», répondirent le prince et la princesse d'une seule voix.

Alors, l'enchanteur ordonna au prince de s'éloigner avec lui de neuf pas des énormes roues. Quand ils eurent accompli ces neuf pas, les énormes roues s'arrêtèrent de tourner. Le prince se précipita à l'intérieur du château et la princesse courut à sa rencontre.

Le roi de l'est du monde fut fort effrayé quand il remarqua que les roues venaient de s'arrêter. Il appela ses gardes, tira son épée et alla regarder quel était l'intrus qui avait surpassé ses pouvoirs. Quand il aperçut l'enchanteur Thuraoi, son épée lui tomba des mains en signe d'impuissance.

«Pourquoi êtes-vous là?» demanda-t-il au prince quand il fut revenu de sa surprise.

«Je suis prince d'Irlande et je suis venu chercher ta fille pour en faire mon épouse. Le puissant enchanteur Thuraoi m'a aidé et, en échange, ta fille et moi lui avons promis qu'il pourrait prendre dans le château ce qui lui plairait le plus.»

«Est-ce vrai, ma fille?» demanda le souverain à la princesse.

«Oui, père», confirma-t-elle en souriant au prince.

«Prends donc ce que tu veux dans ce château», fit le roi en se retournant vers l'enchanteur.

«J'ai déjà choisi», répondit Thuraoi. «Ce qui me plaît le plus dans tout ce château, c'est ta fille. A partir de maintenant, elle est mienne.»

Le roi, la princesse et le pauvre prince tressaillirent, mais il était impossible de revenir sur une promesse. La princesse faillit mourir de désespoir à l'idée qu'elle devrait bientôt épouser le vieil enchanteur. Ses larmes coulèrent quand elle regarda à nouveau le prince. Le contempler ainsi la rendait encore plus malheureuse. Et elle aurait préféré qu'on l'ensevelît sous terre plutôt que d'accorder sa main à ce vieux sorcier.

Par bonheur, le prince réussit à chuchoter à la princesse qu'elle ne devait pas perdre espoir et qu'il essaierait de la délivrer à nouveau. La jeune fille reprit confiance et décida de repousser le jour du mariage autant qu'elle le pourrait.

«Je t'ai promis de te suivre et je tiendrai ma promesse», dit-elle à l'enchanteur. «Mais je te demande de m'accorder une faveur. Je voudrais que tu me conduises, après nos noces, dans un château encore plus beau que celui-ci. Je suppose que tu ne voudrais pas que ta femme vive dans de plus mauvaises conditions que lorsqu'elle était jeune fille?»

«Bien, tu auras bientôt un château selon ton goût», promit l'enchanteur. Il lui aurait promis la lune et les étoiles, tant il la trouvait belle. «Mes gens se rendront à travers toute l'Irlande pour me rapporter de quoi le construire et l'orner.»

«Retourne en Irlande, mon bien-aimé», demanda la princesse au prince. «Va, et surveille la construction de ce château. Lorsqu'il sera presque achevé, préviens-moi. J'y viendrai avec toute ma suite et je tâcherai de trouver un moyen d'échapper à ce sorcier.»

Le prince d'Irlande obéit. Il se déguisa en barde et s'en alla surveiller la façon dont les géants, au service du sorcier, réunissaient les matériaux nécessaires à la construction du château. Jour après jour, de hautes et épaisses murailles s'élevèrent. Les menuisiers de tout le royaume d'Irlande durent confectionner des tables et des chaises pour les salles du château, les forgerons entrèrent aussi en action, ainsi que les orfèvres qui ciselèrent la plus belle vaisselle d'argent. Les tisserands tissèrent et les femmes brodèrent des tentures, des tapis et des couvertures. Bientôt, tout fut presque prêt et d'une beauté sans pareille.

Un mois avant la fin de l'année, le prince irlandais fit prévenir sa belle princesse, afin qu'elle vînt contempler le nouveau château dont l'achèvement était imminent.

La princesse se mit aussitôt en route pour l'Irlande avec une suite importante. Le vieil enchanteur bondit de joie comme un jeune homme à l'annonce de cette arrivée. Quand les navires du roi de l'est du monde abordèrent les côtes irlandaises, de nombreux curieux accoururent. Au milieu des acclamations, la voix d'un barde s'éleva. La princesse n'avait jamais entendu un chant aussi beau et elle demanda au sorcier :

«Bien-aimé, invite ce barde au château pour qu'il nous réjouisse de ses chansons.»

Pendant la fête, la princesse s'éclipsa un instant pour rejoindre le barde auquel elle chuchota de réunir ses meilleurs combattants sur le flanc de la montagne, en bas du château, et de l'y attendre près du ruisseau.

«Quand il coulera du lait dans le ruisseau, tu sauras que l'instant est venu pour toi et tes troupes de venir à la porte de la forteresse. Je vous y attendrai.»

Le prince d'Irlande obéit et réunit rapidement sa troupe sur le flanc de la montagne, au bas du château. Jour et nuit, ils attendirent au bord du ruisseau pour voir si du lait allait y couler à la place de l'eau.

Les jours passèrent, le château continua de grandir et les géants au service du sorcier arrivèrent avec les derniers matériaux nécessaires. Le vieux Thuraoi attendait avec une impatience non dissimulée que les artisans aient fini leur travail, afin de montrer à la princesse qu'il n'existait pas à présent de château plus beau au monde. Pour calmer son impatience, il partit à la chasse.

La princesse choisit cet instant pour dire devant ses servantes qui apportaient le lait fraîchement trait :

«Pouah! Ce lait a mauvaise odeur. Jetez-le dans la rivière. Je n'en boirai pas une goutte. Dieu seul sait quel poison s'y trouve!»

Les servantes furent étonnées et tentèrent de convaincre la princesse que ce lait était frais et excellent, que les vaches avaient brouté dans les meilleures prairies, mais en vain. La princesse finit même par se fâcher :

«Jetez donc ce lait dans le ruisseau ou cela ira mal pour vous!»

Les servantes et les valets vidèrent alors tous les récipients à lait dans le ruisseau, car l'enchanteur leur avait formellement ordonné d'obéir aux caprices de la princesse.

Lorsque le ruisseau se colora en blanc, le prince d'Irlande et sa suite

bondirent pour se rendre à la porte du château. Là, la princesse et son cortège les attendaient déjà.

«Vite, vite», dit-elle à son bien-aimé, «l'enchanteur est à la chasse avec ses gens. Il est temps de s'enfuir!»

Les compagnons du prince tuèrent les gardes du château et bientôt, le prince, la princesse et leurs gens purent s'enfuir.

Tard le soir, l'enchanteur rentra de la chasse et trouva le château désert. Les gardes avaient disparu, ainsi que les géants, la princesse et sa suite. Fou de colère, il monta dans la tour, saisit une trompe et sonna pour appeler à l'aide. Mais les géants étaient encore loin. Le temps qu'ils arrivassent jusqu'au château, ils ne trouvèrent plus que leur maître, terrassé par la rage, et ne surent jamais pourquoi il les avait appelés.

Le prince d'Irlande, sa gracieuse princesse et ses fidèles compagnons rentrèrent chez eux sains et saufs et fêtèrent le plus beau mariage qu'on eût jamais vu. Neuf jours durant, la bière et l'hydromel les régalèrent, ainsi que les mets les plus fins. Et ils dansèrent et chantèrent jusqu'à ce que le château de l'enchanteur se fût effondré et que ses pierres eussent roulé au fond de la vallée.

Le plus jeune frère

Autrefois, un roi possédait un verger, et dans ce verger un beau poirier sur lequel, à chaque automne, chaque nuit, poussait une poire d'or. C'était sa plus grande richesse car, dans son pays, il y avait plus de rochers que de terre, et plus de pierres que d'arbres. Une année, une sorte de monstre se mit à lui voler ses fruits précieux nuit après nuit. En vain envoya-t-il des gardes dans le verger. Au matin, les fruits d'or avaient disparu, comme s'ils s'étaient évaporés.

«Mon fils», ordonna le roi à son fils aîné, «aujourd'hui, c'est toi qui iras garder le poirier. Prends un arc et des flèches et tâche d'atteindre ce voleur qui nous conduit à la ruine.»

Le prince aîné et sa suite se rendirent donc dans le jardin. Les jeunes gens s'assirent dans l'herbe, au pied de l'arbre. Ils posèrent leurs arcs sur leurs genoux et préparèrent leurs flèches. Puis ils dégustèrent des viandes rôties et du pain blanc. Ils arrosèrent ces mets avec du vin doré comme la poire de l'arbre enchanté. Le matin était encore loin quand le prince et sa troupe sombrèrent dans un profond sommeil. Les jeunes gens n'entendirent pas le vent agiter la couronne des arbres ni les vagues de la mer battre contre les falaises. Ils ne prêtèrent pas attention à ce qui se passait au monde, jusqu'à ce que le soleil les réveille. Alors, ils bondirent sur leurs pieds, regardèrent l'arbre et sursautèrent. Il n'y avait plus trace de la poire d'or, comme si elle n'avait jamais existé!

Le roi se mit en colère. Ses yeux lancèrent des étincelles.

«Mon fils», ordonna-t-il au prince cadet, «montre-moi que tu es plus futé que ton frère. Prends une épée, un arc et des flèches et protège ma poire d'or du voleur!»

Le prince cadet se rendit donc avec sa suite auprès de l'arbre. Les jeunes gens festoyèrent jusqu'à ce que le sommeil les saisît. Au matin, le feuillage du poirier était vert comme au plus beau printemps, mais il n'y avait plus trace de la moindre poire d'or.

Quand le roi l'apprit, le château retentit de sa colère.

«Mon fils», gronda-t-il en direction du plus jeune des princes, «cela ira mal pour toi si tu ne parviens pas à protéger ma poire d'or des voleurs. Si tu faillis à ta tâche, il vaudra mieux ne plus te présenter devant moi!»

Le plus jeune des princes prit alors un arc et des flèches et se rendit seul, à la tombée du jour, dans le jardin.

La nuit lui sembla longue car il y voyait à peine dans l'obscurité et n'entendait pas le moindre murmure. Pas le plus petit bruissement de feuille, ni même le lointain grondement de la mer. A l'aube, un aigle inattendu descendit au-dessous des nuages. Il fonça droit sur le poirier, saisit le fruit d'or dans son bec et s'envola comme un éclair dans le ciel. Alors, le prince tira une flèche et atteignit l'aigle qui poussa un cri tel que les arbres du jardin en frémirent et que les rochers qui dominaient la mer en grondèrent. La poire d'or tomba du bec de l'oiseau et celui-ci s'enfuit en volant péniblement. Le prince se précipita et trouva la poire d'or à l'autre bout du jardin. Il rentra ensuite au château où son père l'attendait déjà.

«Dis-moi, mon fils, as-tu bien gardé notre poire d'or?»

«La voici, mon père. Un aigle a failli l'emporter, mais je l'ai touché d'une de mes flèches. Il a poussé un cri. Le fruit est tombé de son bec, et il s'est envolé.»

Le roi fit réveiller ses deux fils aînés et leur reprocha:

«Vous n'avez pas réussi à protéger le trésor royal car les réjouissances, le vin et le sommeil vous sont plus agréables que votre devoir. Aussi, aucun d'entre vous ne sera-t-il mon successeur. La couronne sera mieux portée par votre plus jeune frère.»

Sur ces paroles, les deux frères aînés sortirent de la pièce la tête basse et se mirent à détester leur plus jeune frère. Mais celui-ci n'en eut pas le moindre pressentiment.

«Venez, mes frères, allons dans le jardin», leur dit-il un instant plus tard. «Peut-être réussirons-nous à abattre définitivement cet aigle, si nous le trouvons quelque part.»

Les frères aînés suivirent donc le plus jeune.

«Il y a des gouttes de sang dans l'herbe là où je l'ai atteint!» s'écria le benjamin. Alors, ils suivirent les traces et finirent par arriver au bord d'un puits très ancien, à demi effondré. Les traces s'arrêtaient là. L'aigle blessé y était sans doute tombé.

«Allons voir au fond!» proposa soudain l'aîné. «Descendez-moi au bout d'une corde. Vous me retirerez quand je l'agiterai.»

Les deux frères cadets firent donc descendre leur frère aîné petit à petit. Il n'était pas à mi-hauteur du puits qu'il secoua la corde. Ils tirèrent donc rapidement et le garçon dit dans un souffle :

«Ah! Mes frères, il y fait noir comme dans un sac ou comme en enfer. J'ai cru que vous ne me sortiriez pas de là vivant.»

Le frère cadet ne se laissa pas impressionner par ce discours et se fit descendre à son tour dans le puits. Il n'était pas descendu bien profond qu'il secouait déjà la corde. Quand les deux autres l'eurent tiré de là, ses jambes avaient peine à le soutenir. A présent, les deux frères aînés n'avaient plus qu'une idée : s'enfuir. Mais le plus jeune les retint :

«Attendez au moins que j'y sois allé à mon tour. Peut-être y verrai-je quelque chose.»

Les deux autres le firent donc glisser lentement, et le prince ne secoua pas la corde pour se faire remonter. Longtemps, il ne vit rien dans l'obscurité. Puis, en descendant davantage, il aperçut une petite lumière. Il descendit encore avec plus d'audace. Et quand il n'y eut plus de corde pour aller plus loin, il sauta au fond. Devant lui, s'étendait l'univers souterrain. Il l'examina et constata que les choses y étaient aussi belles que dans le jardin de son père. Il traversa une prairie toute fleurie et un chemin le mena vers la forêt. Là, il eut peur quand il se heurta à une vieille toute bossue.

«Bonjour, bonne vieille», fit-il cependant pour la saluer.

«Bonjour à toi aussi, prince. Où vas-tu de ce pas?»

«Je cherche celui qui a volé nos poires d'or. Cette nuit, je lui ai tiré dessus alors qu'il emportait encore un fruit de notre arbre. Je sais qu'il est entré dans ce puits, mais je ne l'y ai pas encore retrouvé.»

«Ne le cherche point, il est là. Il s'agit de mon fils, un puissant enchanteur. Tu ne peux rien contre lui et tu t'efforcerais en vain de le capturer. Je reviens précisément de chez lui. Il habite un château derrière la montagne. Je te conseille de le laisser en paix et de rentrer chez toi, sinon tout finira mal!»

Le prince remercia du conseil mais ne rebroussa pas chemin. Au contraire, il partit à la recherche du château d'acier, derrière la montagne. Comme il sortait d'un fourré, il aperçut la forteresse qui scintillait comme une épée. Devant la porte, l'aigle guettait, les ailes étendues, la tête entre les plumes de son cou. Quand il aperçut le jeune homme, il poussa un cri terrible, déploya ses ailes et s'envola péniblement, avec l'allure d'un oiseau blessé plutôt que celle d'un roi puissant.

Alors, une jeune fille sortit du château. Elle était si belle que le jeune prince n'en avait jamais vue de semblable, même en rêve. Elle se figea, comme glacée, quand elle vit le jeune homme devant la porte.

«Bienvenue à toi, inconnu!» dit-elle quand elle fut revenue de sa surprise. «Ah! Je suis contente de voir un visage humain après si longtemps. Entre, viens t'asseoir, repose-toi et dis-moi ce qui t'amène ici. Ne crains rien, l'aigle ne reviendra pas de si tôt.»

«Je ne suis pas venu pour m'asseoir, ni pour me reposer. Je n'ai pas peur de l'aigle, au contraire, je le cherche car il a volé chaque nuit une poire d'or à l'arbre de mon père. Je l'ai vu ici il y a un instant.»

«Il a volé des poires à ton père, et au mien, le roi d'Espagne, il a volé ce

qu'il avait de plus cher : ses trois filles. Il nous tient toutes trois prisonniè-
res dans ce pays. L'aînée dans un château d'or, la deuxième dans un château d'argent et moi, la plus jeune, dans ce château d'acier.»

«Et sais-tu comment partir de ce royaume souterrain?» demanda le jeune homme.

«Je le sais, mais c'est très difficile, car l'aigle est un puissant enchanteur.
Il faudrait le tuer avec sa propre épée, qui renferme tout son pouvoir. Mais
je ne sais où il la cache. Une chose est sûre, c'est qu'elle n'est pas ici.»

«Bien», soupira le jeune homme, «j'irai la chercher si tu me montres le
chemin qui conduit au château où est enfermée ta seconde sœur.»

La belle princesse donna tout d'abord à manger au prince. Puis elle s'en
alla avec lui sur la route qui menait chez sa sœur. Mais en quittant le château d'acier, elle lui donna une pantoufle d'acier.

«Elle te portera bonheur dans la bataille»! lui dit-elle tandis que le prince prenait le soulier.

Comme ils approchaient du château d'argent, l'aigle poussa un cri.
Avant que les jeunes gens ne fussent revenus de leur surprise, il décrivit
au-dessus d'eux une croix et s'envola au loin péniblement.

Inutile de dire combien la sœur cadette fut heureuse de voir le prince en
compagnie de sa sœur. Mais quand ils lui parlèrent de l'épée, elle soupira:

«Je suis au courant de l'existence de cette épée, mais elle n'est pas ici.»

«Puisque c'est ainsi, je continuerai à la chercher. Peut-être votre sœur aînée sait-elle quelque chose?» déclara le jeune prince.

Alors, les deux princesses l'accompagnèrent jusqu'au château d'or. Avant de se mettre en route, la princesse cadette remit au jeune homme une pantoufle d'argent.

«Elle te portera bonheur dans la bataille!» dit-elle. Et le prince prit le soulier d'argent.

Puis, tous les trois s'en furent retrouver la fille aînée du roi d'Espagne. De très loin, la lueur du château d'or les guida. Le bâtiment semblait être la proie des flammes, mais il ne s'agissait que du soleil se reflétant sur les murs et les tours.

Tout à coup, de la plus haute tour, l'aigle lança son cri. Les trois voyageurs faillirent en perdre l'ouïe. Puis l'oiseau étendit ses ailes et s'envola. Quel bonheur ce fut quand les trois sœurs furent réunies! L'aînée invita le prince à entrer dans le château. La princesse lui aurait offert tout ce qu'il désirait, mais il ne voulait que l'épée du sorcier.

«S'il ne s'agit que de cela, je vais te l'apporter. Je sais où l'aigle la cache dans la tour. Mais prends auparavant cette pantoufle d'or. Elle te portera bonheur au combat.»

Tandis que le prince la prenait, la jeune fille s'en alla et revint aussi vite que le vent. Elle tenait à deux mains une épée si grande et si lourde qu'elle pouvait à peine la soulever. La lame de cette épée était d'acier, la poignée d'or, d'argent et de pierres précieuses qui figuraient la tête d'un aigle puissant.

«Attends-le devant le château», conseilla la princesse au jeune homme. «Quand il sera au-dessus de toi, tends vers lui la pointe de l'épée. Si tu parviens à le piquer, il se changera en homme aussi inoffensif qu'un enfant. Il s'enfuira vers sa mère et à partir de ce moment-là nous serons libérées et pourrons retourner avec toi dans le monde d'en haut. Mais prends bien garde. L'aigle possède une grande force. Il est encore puissant, malgré la blessure que tu lui as infligée.»

Elle n'avait pas achevé tout ce qu'elle voulait dire que l'aigle fit son apparition. Il volait aussi vite que le vent, puis il plana dans les airs et soudain fondit comme une pierre sur le prince. Le jeune homme l'esquiva lestement et brandit l'épée. Alors, l'aigle s'y piqua. Il poussa un cri tel que les murailles du château d'or faillirent s'effondrer. Et il perdit son pouvoir magique. Il se transforma en pauvre homme, vêtu de haillons comme un mendiant. Il contempla sans rien dire le jeune homme qui tenait toujours son épée en main. Puis il contempla l'aînée des filles du roi d'Espagne et il disparut dans la montagne pour ne plus jamais réapparaître.

Alors, quelle joie et quelles embrassades! Ensuite, les trois sœurs libérées songèrent à rentrer chez elles. Cela les effraya :

«Comment retrouverons-nous le royaume d'Espagne alors que nous ne connaissons pas le chemin?» fit l'aînée. «Il n'y a personne pour nous aider ni nous conseiller.»

«Ne vous inquiétez pas», répondit le jeune prince, «contentez-vous de me suivre. Je connais le chemin. Il mène à un puits qui se trouve dans notre jardin. Là, mes frères m'attendent. Ils nous remonteront à la surface et de là, vous pourrez regagner votre pays.»

La route leur parut brève. Quand ils arrivèrent au fond du puits, le jeune prince agita la corde pour que ses frères le remontent à la surface. Puis il y attacha successivement les trois princesses.

Les deux frères aînés faillirent tomber à la renverse quand ils retirèrent du puits des jeunes filles plus belles les unes que les autres. Elles leur racontèrent comment leur plus jeune frère les avait libérées. Tout d'abord, les frères aînés se réjouirent de bon cœur de l'heureux sort des princesses. Puis leur jalousie reprit le dessus. Quand ils se rendirent compte que leur plus jeune frère attendait toujours qu'ils le remontent du puits, ils lancèrent toute la corde au fond.

«Attends un moment, petit frère. Quelqu'un viendra bien te chercher!» cria l'aîné. Et le cadet ajouta :

«Puisque tu es un véritable héros et sans doute le futur souverain de notre royaume, tu arriveras sans doute à te tirer tout seul de ce mauvais pas. Ou alors, tu t'envoleras comme un aigle!»

Sous la contrainte, les trois jeunes filles durent jurer qu'elles ne diraient rien à personne sur ce qui s'était passé. Puis les deux frères les emmenèrent sur un bateau. Ils dressèrent les voiles et voguèrent jusqu'au royaume d'Espagne.

Le roi pleura de joie comme un enfant quand il retrouva ses trois filles saines et sauves. Il fit aussitôt dérouler un tapis rouge en ville et lancer des fleurs en l'honneur des deux princes félons.

Pendant ce temps, le plus jeune des princes errait vainement sous terre à la recherche des châteaux d'où il avait délivré les princesses. Mais il n'en trouvait plus trace, comme s'ils avaient été engloutis. Finalement, il rencontra la mère de l'enchanteur.

«Tu vois, prince, je t'avais bien dit de laisser mon fils en paix. Mais tu n'as pas voulu m'écouter. Tu as causé le malheur de mon fils. A présent il est misérable, impuissant sans son épée. Et tu es dans le même cas que lui, bien que tu lui aies ravi son arme. Retourne donc le voir. Il te reconduira dans ton jardin et ne réapparaîtra plus dans le royaume de ton père.»

Le jeune prince s'exécuta et, à l'instant même où l'enchanteur impuissant reprit son épée, il se transforma de nouveau en aigle.

«Vite, prince, assieds-toi sur mon dos, je vais t'emmener au royaume d'Espagne où t'attend une princesse dont les yeux ne tarissent pas de larmes à ton sujet.»

En peu de temps, l'aigle eut atteint un rocher surplombant la ville royale. Là, il prit congé du prince. Ce dernier emprunta le chemin le plus court pour se rendre à la ville où tout scintillait, où les cloches carillonnaient comme pour l'accueillir.

«Que se passe-t-il?» s'informa le prince dans l'auberge la plus proche.

En voyant ce garçon tout dépenaillé, l'aubergiste répondit du bout des lèvres :

«Tout le monde est au courant dans le pays. Les deux princesses aînées vont prendre pour époux leurs libérateurs. Quant à la plus jeune, son père cherche pour elle un digne prétendant. Mais elle ne veut se donner qu'à celui qui lui rapportera sa pantoufle d'acier.»

«Rien de plus facile», sourit le jeune homme, «tu n'as qu'à donner cette pantoufle d'or à l'aînée, et celle d'argent à la seconde. A la plus jeune, donne cette pantoufle d'acier qu'elle réclame. Puis en échange, demande à celles qui sont fiancées ce que tu voudras. Mais ne demande rien à la plus jeune des sœurs.»

Quand l'aubergiste arriva devant le château royal, les gardes ne voulurent pas le laisser entrer. Mais lorsqu'il leur montra les pantoufles qu'il apportait pour les princesses, ils le laissèrent passer et le conduisirent dans la salle du trône. Quand les deux sœurs aînées virent leurs pantoufles, elles ordonnèrent qu'on donnât à l'aubergiste un sac d'or et un sac d'argent. Mais quand la plus jeune vit sa pantoufle d'acier, elle ordonna qu'on attelât les chevaux les plus rapides à son carrosse. Elle se rendit en compagnie de l'aubergiste à la taverne qui se trouvait à l'autre bout de la ville, afin d'y retrouver le mendiant qui lui avait fait envoyer la pantoufle.

Les deux frères aînés comprirent que cela tournait mal. Et ils quittèrent subrepticement le château. Mais ils n'allèrent pas bien loin. Le roi se mit en colère, ses yeux lancèrent des étincelles et il exigea de connaître la vérité. Quand il la sut, il envoya ses rapides cavaliers à la poursuite des fuyards. Quand ils les trouvèrent, ils les enchaînèrent et les amenèrent devant le roi. La plus jeune des princesses était déjà de retour, en compagnie de son bien-aimé.

Les deux traîtres tombèrent à genoux devant le roi et devant leur frère afin de les supplier de leur pardonner ce qu'ils avaient fait, aveuglés par la jalousie.

«Aux oubliettes!» cria le roi.

Mais le jeune prince et la princesse intervinrent en leur faveur et le roi décida :

«Je vous pardonne, puisque votre frère le fait aussi et qu'il a été la première victime de votre crime.»

Les trois frères se serrèrent la main devant le roi. Ils s'embrassèrent et oublièrent sur-le-champ leurs griefs. On envoya chercher leur père, afin qu'il participe à la noce. Ensuite, eurent lieu les plus gaies des réjouissances. Au bout d'un an et un jour, elles n'avaient toujours pas cessé, car à présent les poires d'or apparaissaient sans cesse dans le jardin royal. Le roi en fit don à ses petits-enfants et il y eut de quoi se réjouir encore pendant longtemps, jusqu'au royaume d'Espagne.

Ce qu'il arriva au conteur
quand il fut à court d'idées

Il était une fois un roi, qui vivait dans le royaume de Leinster. Il avait un très bon conteur. Le soir, il le faisait appeler et le conteur lui narrait chaque fois une nouvelle histoire ou une nouvelle anecdote. Depuis sept ans il lui en racontait même deux par nuit, sans jamais se répéter. Il efforçait au contraire de conter toujours du nouveau. Comme le roi l'estimait, il lui avait même fait construire une maison superbe près du palais. Il lui avait donné des chevaux et des chiens. Pourtant, un soir, il se fâcha contre son conteur.

Alors que celui-ci commençait une histoire, il l'interrompit en criant :

«Je la connais déjà! Raconte-m'en une autre ou la honte sera sur toi, et peut-être pire.»

Le conteur prit son courage à deux mains et dit au souverain :

«Pardonne-moi, mon roi, mais tout homme a parfois ses faiblesses et, dans ce cas, ne parvient pas à rassembler ses idées ni à arriver au but qu'il s'est fixé. Me punirais-tu pour une faiblesse passagère, alors que je t'ai fidèlement servi pendant sept années? Aurais-tu le cœur de me menacer du pire?»

Le roi rougit de colère :

«Ne m'en dis pas plus long!» cria-t-il, «moi, je n'ai jamais de faiblesse et je n'en aurai jamais. Le roi de Leinster se doit d'être puissant et d'obtenir toujours ce qu'il veut. Je préférerais mourir plutôt que de faillir!»

Le conteur baissa la tête en silence et chercha un moyen de complaire au souverain. Mais son envie de conter ne venait plus du cœur. Elle n'était dictée que par la peur.

Par la suite, il parvint à raconter au roi une histoire telle qu'elle lui fit oublier tous ses soucis et le plongea à la longue dans un profond sommeil. Le souverain n'aurait pas échangé son conteur contre une moitié de royaume, mais il se garda bien de le lui avouer.

Chaque matin, le conteur se promenait dans le jardin et, tout en marchant, il songeait à ce qu'il allait raconter le soir. Un jour, les choses n'allèrent pas facilement. Il pensa : «Il était une fois trois princes irlandais...» et la suite n'arrivait pas. Alors il commença une autre histoire: «Il était une fois un vieux mendiant...». Mais il n'avait aucune idée de ce qu'aurait bien pu faire d'intéressant ce pauvre homme. Il en serait rentré sous terre tant il avait honte de son manque d'imagination. A cet instant, sa femme l'appela pour déjeuner. Mais il répondit :

«Tant que je n'aurai pas trouvé un conte pour ce soir, je ne mangerai pas un morceau!»

«Bien, mais dis-moi ce qu'est cette chose sombre au-dessus du jardin?» lui demanda son épouse.

«Je ne sais pas, je n'ai rien vu de sombre à cet endroit», répondit le conteur.

«Allons voir. Peut-être qu'en chemin il te viendra une idée?»

Le conteur siffla son chien favori et, en compagnie de sa femme, il alla se rendre compte de ce qu'était cette chose noire sur la colline au-dessus du jardin. Quand ils y arrivèrent, ils virent un vieux mendiant en loques, avec une jambe de bois. Il était à moitié courbé et remuait des dés dans un gobelet de bois.

«Qui es-tu et que cherches-tu?»

«Tu ne vois donc pas que je suis un vieux mendiant avec une jambe de bois?» grommela le vieillard. «Je me repose et j'attends quelqu'un qui voudra bien jouer avec moi pour me faire oublier un instant ma peine et mes douleurs.»

«Et tu penses que quelqu'un va venir jouer aux dés avec toi?»

«Pourquoi pas?» répondit le vieillard, «j'ai sur moi une bourse pleine de pièces d'or. Pour un tel enjeu, on peut accepter de jouer avec un vieux mendiant.»

«Joue donc avec lui», chuchota la femme du conteur,«tu auras ensuite de quoi raconter au roi.»

Le conteur s'installa sur la borne, face au mendiant. Il y avait là une grosse pierre, large comme une table et ils s'y livrèrent au jeu. Le conteur perdit. Bientôt, il ne lui resta plus un sou, ni maison, ni chat, ni chien, ni chevaux. Le premier mendiant venu était à présent plus riche que lui.

«Eh bien, j'aurai au moins quelque chose à raconter au roi», soupira-t-il furieusement. «Mais en récompense, il me fera chasser du royaume, sous les huées.»

«Joue encore! Peut-être gagneras-tu avec un peu de chance», insista son épouse.

«Bah! Tu vois bien que je suis dans une situation pire que celle de n'importe quel mendiant. Je n'ai même pas de bâton de marche.»

«Il te reste ta femme. Jouons-la donc!» insinua le mendiant.

Bon gré, mal gré, ils mirent la femme en jeu, et le conteur perdit encore. Le mendiant s'assit alors près de la femme en lui souriant gentiment. Il lui dit :

«Ne crains rien. Nous serons bien ensemble. Mais je vais jouer encore une fois avec le conteur du roi.»

«Tu vois bien que je n'ai plus rien, que désires-tu encore?»

«Toi. Mets-toi comme enjeu. Si tu gagnes, tu récupéreras ce que tu as perdu, plus mes ducats. Si tu perds, tu seras à moi», proposa le mendiant.

Un instant plus tard, le conteur était devenu la propriété du mendiant.

«Bien», fit ce dernier avec satisfaction. «A présent, dis-moi en quoi tu veux être changé. En lièvre, en chevreuil, en renard ou en sanglier?»

«Qu'est-ce que cela peut faire à présent?» se lamenta le conteur. «Disons en lièvre si tu le veux.»

Alors, le mendiant toucha le conteur avec une baguette magique et bientôt, un lièvre sautilla sur la borne. Il n'avait pas encore eu le temps de remuer les oreilles que le chien du conteur bondissait sur lui. Il lui donna la chasse autour de la borne, le poursuivit dans les sillons et l'attrapa par le cou pour le rapporter vivant au mendiant.

«Bien, mon chien, bien», le félicita le mendiant. Puis il toucha à nouveau le conteur avec sa baguette et le lièvre redevint homme. Mais un pauvre homme à bout de souffle et d'effroi.

«Il aurait mieux valu me laisser déchirer par le chien!» cria-t-il avec désespoir.

«Pourquoi? A présent tu sais ce que peut éprouver un malheureux lièvre quand des chiens de chasse le poursuivent. Et tu pourras le raconter au roi», répliqua le mendiant.

«Et toi, pourquoi ne me dis-tu pas qui tu es et pourquoi tu t'amuses de moi comme un chat avec une souris?»

«Si tu veux le savoir, viens avec moi», proposa le mendiant. «Je te promets que d'ici ce soir, tu auras davantage d'expérience et tu seras plus savant qu'auparavant.»

«D'accord», accepta le conteur.

Le mendiant siffla et un vieil homme, richement habillé et portant barbe blanche se tint aussitôt devant lui.

«Occupe-toi de cette femme, de sa maison, de son chat, de ses chevaux et de ses chiens», lui ordonna le mendiant. «Protège-les des dangers et conduis-les vers nous quand je te l'ordonnerai.»

Alors, le mendiant prit le conteur par la manche. Aussitôt, ils devinrent tous deux invisibles, bien que eux vissent encore tout ce qui se passait autour d'eux. Ainsi invisibles, ils se rendirent au château royal. Le souverain venait justement de faire un copieux repas bien arrosé. Il ne manquait qu'un bon récit à son bonheur.

«Allez!» ordonna-t-il à ses serviteurs, «et revenez avec mon conteur!»

Peu de temps après, les valets revinrent, disant que la demeure du conteur était vide. Seuls les chiens y couraient et il n'y avait trace ni du conteur ni de son épouse.

«Voilà qui est un peu fort!» s'écria le roi.

Alors, le mendiant chuchota au conteur invisible :

«Attends, l'instant est venu pour moi!»

Il s'appuya contre la porte et apparut aux yeux de tous, maigre, en haillons, chaussé de souliers éculés.

«Que cherches-tu ici?» lui demanda un garde.

«Je suis venu pour distraire le roi. J'arrive de très loin, de vallées profondes où chantent les cygnes blancs. Une nuit, je suis sur une île, une autre sur le continent. J'ai vu beaucoup de choses. J'ai beaucoup d'expérience, et peut-être que le roi aura plaisir à m'entendre.»

«Je t'écouterai lorsque mes harpistes auront fini de jouer», répondit le roi. «Les meilleurs d'entre eux viennent à ma cour des quatre coins de l'Irlande. Ils viennent du sud et du nord, de l'est et de l'ouest dans le seul but de me distraire. Dis-moi, as-tu jamais entendu de musique aussi belle?» demanda-t-il au mendiant en haillons.

«Oui, j'en ai entendu. Je ne dis pas que ceux-ci jouent mal, mais à côté de ceux que j'ai entendus autrefois sur l'île de Man, ils jouent comme un chat à qui on a marché sur la queue ou comme des moustiques bourdonnant autour d'une lampe ou encore comme une mégère se disputant avec son mari!»

En entendant cela, les musiciens du roi posèrent leurs instruments. Ils dégainèrent leurs épées et se lancèrent à l'assaut du mendiant. Mais la colère les aveuglait tellement qu'ils ne réussirent pas à atteindre un seul de ses cheveux et ne surent que se faire mal les uns aux autres.

«Assez!» hurla le roi. «Il ne suffit donc pas que mon conteur se soit évaporé et que je sois privé de conte aujourd'hui? Pendez-moi ce mendiant!»

Les gardes bondirent vers l'homme et le tirèrent vers la porte. Puis ils lui firent traverser la cour et le pendirent à la potence sans même lui demander d'exprimer sa dernière volonté.

Les gardes retournèrent dans la salle du trône avec le sentiment du devoir accompli, et que ne virent-ils pas, assis sur un banc, devant un verre de bière et une portion d'agneau rôti? Notre mendiant!

«Ne venons-nous pas de te pendre?» lui demandèrent-ils. «Comment as-tu pu revenir dans cette salle du trône?»

«Examinez-moi bien», répondit le mendiant tranquillement. «Comment pourriez-vous m'avoir pendu puisque vous me voyez de vos propres yeux déguster cette bière à l'instant même?» Et, pour souligner ses paroles, il vida sa chope.

Les gardes coururent voir dans la cour. Quand ils revinrent de la potence, leurs cheveux se dressaient sur leur tête et les yeux leur sortaient de la tête. Ils appelèrent le chef de la garde dans un coin, afin que le roi n'entende pas ce qu'ils allaient lui dire, et ils lui chuchotèrent :

«Les trois plus jeunes frères du roi sont pendus à la potence. Si le roi l'apprend, c'en est fait de nous!»

Là-dessus, le roi remarqua la présence du mendiant à une table.

«Hé! Gardes, ne vous ai-je pas ordonné de pendre ce manant? Est-ce ainsi que vous exécutez mes ordres? Je vais vous faire pendre aussi et j'aurai peut-être la paix!»

«Grâce!» supplièrent les gardes en se traînant à genoux devant le roi. «Nous avons bien pendu ce manant, mais il est arrivé un malheur. Lorsque nous l'avons à nouveau vu ici, nous sommes retournés dans la cour et nous avons vu tes trois frères pendus à sa place à la potence.»

Le roi bondit, hors de lui, et alla constater par lui-même ce qu'il en était. Il n'y avait plus trace de ses frères. A leur place, étaient pendus tous les harpistes du roi avec leurs instruments.

La moitié de la garde s'enfuit de peur à ce spectacle. Quant au roi, il demeura planté là, stupéfait. Seul, le chef de la garde eut la présence d'esprit

d'attraper le mendiant et de le traîner encore devant la potence.

«Par pitié, combien de fois vas-tu m'envoyer dans l'autre monde?» demanda le mendiant, «et cela seulement parce que la musique du roi n'est pas de mon goût!»

«Qu'est-il advenu des frères du roi et des musiciens?» questionna le capitaine.

«Regarde donc, ils sont installés là, devant la porte du château, et ils boivent de la bière!»

Ceux qui étaient là regardèrent et, en effet, les frères du roi, tout comme les musiciens étaient assis dans l'herbe, sous le vent frais du soir, et la bière qu'ils buvaient avait l'air à leur goût. La peur fit trembler les jambes du roi, et il eut quelque mal à ne pas le laisser paraître.

Soudain, le mendiant disparut comme s'il n'était jamais venu. Il retourna en compagnie du conteur à l'endroit où ils avaient joué aux dés le matin. La femme du conteur les y attendait déjà, avec les chevaux, le chat et les chiens.

«A présent, reprends tout ce qui est à toi et retourne au château. Tu as de quoi conter au roi», dit le mendiant.

Le conteur secoua la tête :

«Tu sais bien que j'ai tout perdu», soupira-t-il.

«Tu n'as rien perdu du tout», dit le mendiant, «car je n'ai pas respecté les règles du jeu en employant mes pouvoirs magiques. Comme tu as pu le constater, ces pouvoirs sont puissants et je ne suis pas un manant mais l'enchanteur Angus. Je sais quels bons services tu as rendus au roi de Leinster. C'est pourquoi j'ai voulu t'aider quand je t'ai vu dans l'ennui.»

Le conteur n'en revenait pas de surprise.

«Va-t'en tranquillement», acheva le mendiant. «Ta femme et toi êtes libres désormais. Je ne vous tourmenterai plus. Je préfère aller au château du roi pour t'écouter conter, car tu es bien le meilleur des conteurs. J'ai su te transformer en lièvre ou en chien, grâce à mes pouvoirs magiques, mais je ne saurais comme toi raconter des histoires qui sont à présent célèbres dans tout le royaume d'Irlande.»

Le conteur voulut le remercier, mais le mendiant avait déjà disparu. Alors, il se rendit directement chez le roi et lui raconta tout, du début jusqu'à la fin.

«Lorsque tu seras à court d'idées», dit le roi quand le conteur eut fini toute l'histoire, «redis-moi celle-ci. Nous en rirons bien. Et si je viens à oublier combien je me suis senti faible et impuissant devant ce mendiant, raconte-la-moi encore. Une histoire bien racontée, par un très bon conteur, peut s'écouter plusieurs fois.»

TABLE